Christine Weidenweber

GEMÜSE ERNTEN OHNE GIEßEN

Trockenheitstolerante Pflanzen auswählen, den Boden schützen und Wasser sinnvoll nutzen

INHALT

Chancen nutzen

DAS GANZE JAHR ERNTEN

Das sich verändernde Klima stellt unsere Gartenpläne auf den Kopf, lässt uns hin und wieder verzweifeln und bietet gleichzeitig jede Menge neuer Perspektiven. Die beste davon: Es kann beinahe ganzjährig gegärtnert werden.

Früher und länger

Es nutzt ja nichts: Wir Gärtnerinnen und Gärtner müssen uns dem Wandel des Klimas stellen und dürfen auch trotz der teils bedenklichen Prognosen nicht in Angst verfallen. Im Gegenteil! Wir sollten die Chancen nutzen, die sich auftun, experimentieren, was machbar ist, und unsere Gärten für die sich ändernden Temperaturen und Witterungsverhältnisse möglichst fit machen.

Neben neuen Arten und Sorten, die unbedingt ausprobiert werden sollten, ist es vor allem die Aussicht auf eine längere Gartensaison, die doch ziemlich verlockend ist.

Schon seit einigen Jahren ist der Wandel sehr deutlich spürbar: Die Winter werden kürzer und milder, das Frühjahr hält früher Einzug. Auch wenn das Jahr 2021 uns in Januar und Februar tiefe Temperaturen und viel Schnee bescherte, so ist die Tendenz im Mittel der letzten Jahre doch deutlich erkennbar. Das belegen auch die langjährigen phänologischen Beobachtungen des Deutschen Wetterdienstes. Dabei werden bestimmte Wachstums- und Entwicklungsphasen von Pflanzen und neuerdings auch von Tieren jahresweise dokumentiert. Die statistischen Aufzeichnungen seit 1961 zeigen eine deutliche Verlängerung der Vegetationsperiode.

Deshalb stelle ich meinen Garten (und mich selbst) nach und nach auf die neuen Gegebenheiten um. Nicht ganz freiwillig, das gebe ich zu, denn wir beide, der Garten und ich, haben besonders mit Hitze und starker Sonneneinstrahlung zu kämpfen. In den letzten Sommern gediehen nur echte Gemüse-Kämpfer, dafür fahre ich im Spätherbst, über den Winter und im Vorfrühling gute Ernten ein. Das macht der Klimawandel möglich und versöhnt mich ein wenig mit den neuen Bedingungen.

Gerade im Frühjahr, wenn es ans Säen und Pflanzen geht, können hohe Temperaturen und lange Trockenphasen die Gartenarbeit erschweren: Radieschen und Salat entwickeln sich schlecht oder schießen ungewöhnlich früh, Kohlrabi bleiben stecken. Wenn ich sie in Spätsommer oder Frühherbst kultiviere, habe ich mittlerweile mehr Erfolg. Mitte August gepflanzte Rote Bete liefern bis Ende November Knollen, Radieschen können in Sätzen von September bis Mitte Oktober ausgesät und um die Weihnachtszeit herum geerntet werden, Asiasalate und Kohle verbringen den Winter im Garten.

Gut abgedeckt

Es macht wirklich Freude, dieses neue Gärtnern vom Herbst bis ins Frühjahr, aber vollkommen gefeit vor eisiger Kälte mit sehr tiefen Temperaturen sind wir auch bei sich änderndem Klima nicht. Deshalb ist die richtige Auswahl der Gemüsearten und -sorten wichtig: Verschiedene Kohlarten, Pastinaken, Winterlauch und andere sind als Wintergemüse bekannt und halten mehr oder weniger Frost aus. Aber auch Wintersteckzwiebeln, Winterpflanzknoblauch und Asiasalate kommen in der kalten Jahreszeit gut zurecht, zum Teil besser als man denkt.

Wenn die Temperaturen unter −5 °C sinken lohnt es sich allerdings, die Kulturen abzudecken und ihnen so etwas Schutz zu gewähren.

Am einfachsten funktioniert das mit Fichten- oder Tannenzweigen, die Sie nach Weihnachten zu diesem Zweck auch vom Weihnachtsbaum abschneiden können. Auch eine Schicht aus Laub und Kompost ist geeignet, die um die Pflanzen herum ausgebracht wird. Es gibt aber auch wiederverwendbare Folientunnel, Abdeckvliese, Glas- oder Plastikglocken. Mit Federstahlstangen, Gartenvlies, Schnur und Bodenhaken können Sie sich einen Folientunnel sogar ganz leicht selbst bauen.

Die Abdeckmaterialien schützen nicht nur vor Frost, sie wirken auch temperaturausgleichend (vor allem Folientunnel) und sie schaffen ein ideales Klima für die Überwinterung der Pflanzen. Außerdem kommt es gerade unter Glas, Kunststoff oder Folie zu einer Art Treibhauseffekt. Wenn die Sonne scheint, erwärmt sich der Boden schneller, und das fördert das Pflanzenwachstum. Kommt weniger Feuchtigkeit an die Pflanzen, dann ist auch die Gefahr von Pilzbefall geringer.

Zwischendurch sollten Sie unbedingt immer mal lüften, egal welche Abdeckung auf dem Gemüse liegt.

Abdeckungen für kalte Zeiten

MATERIAL/ABDECKUNGSART	VERWENDUNG	EIGENSCHAFTEN UND BESONDERES
Leichtes Vlies (20g/m²)	Schützt bis −5 °C Außentemperatur	Spinnwebenartig vernetztes Kunststoffmaterial
Folien- oder Vliestunnel	Praktisch für höhere Kulturen, Temperaturerhöhung 3–5 °C	Mit reißfester Isolierfolie gute Alternative zum fest installierten Frühbeet
Glocken	Für einzelne Pflanzen, Temperaturerhöhung ca. 5 °C	Aus Glas (erwärmt sich schneller) oder Kunststoff, sehr dekorativ
Lochfolie	Zum Schutz vor Spätfrösten, Temperaturerhöhung 3–5 °C	Folie mit etwa 1 cm großen Löchern

Gut geschützt unter einem Folientunnel überstehen Asiasalate wie dieser „Mizuna“ auch tiefe Temperaturen. Im Winter 2020/21 sogar −14 °C in meinem Garten.

EXOTEN HALTEN EINZUG

Ob aus Südamerika, Afrika, Asien oder dem Mittelmeerraum – exotische Gemüsearten sind ziemlich beliebt. Die Sonnenverliebten fühlen sich mittlerweile auch in hiesigen Gärten wohl. Einfach mal ausprobieren, was gedeiht.

Wärmeliebendes Gemüse

Artischocke, Aubergine, Melone – das Aroma von selbst angebautem exotischem Gemüse ist umwerfend und nicht mit gekaufter Ware zu vergleichen. Bisher waren diese wärmeliebenden Gemüse, wenn überhaupt, nur für den Anbau im Gewächshaus oder in Weinbaugegenden geeignet, jetzt könnte sich das ändern. Ganz einfach ist die Kultivierung aber nicht. Da gibt es einiges zu beachten.

Schon jetzt wachsen einige Gemüse mit höheren Temperaturansprüchen in unseren Gärten: Zucchini, Paprika, Kürbis und Tomate zählen dazu. Auch Melonen gedeihen mittlerweile im Freien – ob der Anbau gelingt, ist vor allem vom Standort und von der Sortenwahl abhängig.

Gerade so exotische Gemüse wie Artischocken und Auberginen brauchen viel Wärme – mittlerweile bekommen sie die auch in heimischen Gärten. Sie vertragen keine Staunässe und sind Mimosen, wenn es um starken Wind geht. Einige reagieren besonders empfindlich auf eine mangelhafte Wasser- und Nährstoffversorgung. Ein geschützter Standort mit durchlässigem Boden ist wichtig, damit das Gemüse gedeiht. Und was die Wasserversorgung betrifft: Mulchen Sie den Boden, um die Verdunstung zu reduzieren, und wählen Sie kleinfrüchtige Sorten – die sind nämlich nicht so anspruchsvoll.

Neben Aubergine, Artischocke & Co. gibt es aber noch einige andere interessante Exoten, die weniger anspruchsvoll sind, z. B. Ananaskirsche, Kiwano, Kichererbse und die Mexikanische Minigurke.

Es gibt einige interessante Auberginensorten, die im Freien kultiviert werden können.

Die Gewinner

Mein Garten liegt einige Minuten entfernt vom Haus und hat keinen Wasseranschluss. Sind die Regentonnen leer, muss in Eimern mühsam Brunnenwasser geholt werden. Das mache ich aber nur, wenn es wirklich brenzlig wird. Ich setze lieber auf robustes, trockenheitstolerantes Gemüse.

Dass Kichererbsen (*Cicer arietinum*) auch im Spessart wachsen, ist doch wirklich erstaunlich. In der Küche sind sie ja schon lange die heimlichen Stars, im heimischen Garten dagegen noch wenig bekannt. Dabei sind sie wunderbar genügsam und pflegeleicht (Seite 84).

Kiwanos (*Cucumis metuliferus*) stammen ursprünglich aus Afrika. Sie sind auch als Horn-Gurken bekannt und gehören der Kürbisfamilie an. Wachstumsmäßig geht es hoch hinaus, ohne Rankhilfe geht da nichts (Seite 84).

Wie Tomate, Paprika und Aubergine zählt auch die Gattung *Physalis* zu den Nachtschattengewächsen. Sie sind ziemlich sonnenhungrig und gedeihen deshalb mittlerweile auch gut in heimischen Gärten. Besonders robust, was die Witterungsverhältnisse und die Wasserversorgung angeht, ist die Ananaskirsche (*Physalis pruinosa*).

Das gilt auch für die Mexikanische Minigurke (*Melothria scabra*). Sie wächst, also rankt sich in die dritte Dimension empor und bildet leckere kleine Früchte (Seite 85).

Auch Auberginen und Artischocken zählen zu den Gewinnern, weil sie mit viel Sonne gut zurechtkommen. Ihr größerer Durst kann mithilfe einer sparsamen Tröpfchenbewässerung gestillt werden. Sie kommen auch mit etwas weniger Wasser aus, bilden dann aber kleinere Früchte.

1 Kiwanos werden vor dem ersten Frost im Herbst geerntet.

2 Essen sie nicht alles auf! Die Artischockenblüte ist spektakulär.

3 Kichererbsen können, ähnlich wie Erbsen, noch unreif und grün verwendet werden.

SO GELINGT DER ANBAU

- Geben Sie den Exoten einen guten Start und setzen Sie die Jungpflanzen im Frühjahr in eine schwarze Mulchfolie. Gemüse wie Auberginen und Artischocken gedeihen gut an einer warmen Hauswand.
- Bilden sich viele schwere Früchte, werden die Pflanzen an einem Stab festgebunden, damit sie nicht umknicken.
- Ist Sturm oder starker Regen vorhergesagt, können die Pflanzen mit einer Plastikhaube geschützt werden.

GEMÜSEGÄRTNERN FÜR EIN GUTES KLIMA

Der Klimawandel setzt der gesamten Umwelt zu. Die Erde kann die zunehmende Erwärmung nur schwer verkraften. Wir alle sind aufgerufen, etwas für den Klimaschutz zu tun. Im Garten können wir damit anfangen.

Ein paar Ideen

Am Beginn des Gemüsegärtnerns steht erst einmal die Erde. Da gibt es welche für die Anzucht aus Saatgut, für spezielle Gewächse, für die Topfbeflanzung – viele dieser Erden haben einen hohen Torfanteil, also von dem Stoff, aus dem die Moore sind, und die wiederum sind für das Klima ungeheuer wichtig. Deshalb lieber Finger weg und nach Alternativen suchen, beispielsweise nach Erden, die als Ersatzstoff für Torf Holzfasern enthalten. Kokoserden werden ebenfalls favorisiert, wegen der langen Transportwege von Kokosfasern und -mark sind sie ökologisch aber umstritten.

Gut für's Klima und mit Spaßfaktor ist das Selbermischen von Erden. Gartenerde, reifer Kompost und Sand werden zu gleichen Teilen gemischt und im Backofen bei 120 °C sterilisiert – so lautet beispielsweise das Rezept für eine Anzuchterde.

Nicht kaufen, sondern selbst machen, das gelingt auch bei organischem Dünger, allen voran dem Kompost. Er vereint das ganze Prinzip bzw. den Organismus Garten in sich: Nichts wird verschwendet, organische Abfälle werden in besten Dünger umgewandelt. Ganz ähnlich ist das beim Pflanzenschutz. Mit selbstgemachten Tees, Insektenschutznetzen und anderen vorbeugenden Maßnahmen haben Schaderreger kaum eine Chance.

Im Mischkulturenanbau wird auf gute Nachbarschaft gesetzt. Die Pflanzen halten sich gesund.

Warum in die Ferne schweifen?

Gemüse und Obst im eigenen Garten vor der Haustür anzubauen ist an sich schon ein großer Beitrag für den Umweltschutz. Automatisch wird weniger Frisches oder auch TK-Ware im Supermarkt eingekauft, und das sorgt für Einsparungen bei den oft langen Transportwegen sowie beim Verpackungsmaterial.

Bei der Auswahl können Sie auch mal einen Blick auf regionale Arten und Sorten werfen und das eine oder andere Gemüse aus heimischen Gefilden anbauen. Guter Heinrich, auch als Wilder Spinat bekannt, war früher ein geschätztes Gemüse, wurde aber von ertragreicheren Züchtungen verdrängt. Es gibt ihn immer noch, genauso wie Steckrüben und alte regionale Grünkohlsorten. Sie anzubauen ist ein Beitrag zur Erhaltung der Artenvielfalt.

Neben der Regionalität spielt beim Klimaschutz auch immer wieder die Saisonalität eine Rolle. Dabei geht es nicht nur um den Einkauf von Gemüse und Obst im Supermarkt, sondern auch um den Anbau im Garten. Zur richtigen Zeit die passenden Arten und Sorten auszusäen und auszupflanzen und die Erntezeiten im Auge zu behalten, das lohnt sich. Wenn die Bohnenernte in die Urlaubszeit fällt, war die Mühe von Aussaat und Pflege umsonst und wertvolles Gemüse wird einfach entsorgt oder landet bestenfalls auf dem Kompost. Das ist nicht gerade nachhaltig.

Planung ist also wichtig, auch im Gemüsegarten. Und das in vielerlei Hinsicht. Die Kultivierungsdauer der Gemüse spielt dabei genauso eine wichtige Rolle wie die Gemüsefavoriten der Familie. Mit richtiger Planung gibt es immer etwas Essbares aus dem Garten, und bei einer großen Ernte können Sie das Gemüse einfrieren, einkochen oder anderweitig bevorraten.

Immer Gemüse zum Ernten

GEMÜSE AUS DEM GARTEN	ERNTEZEIT
Ewiger Kohl	ganzjährig
Guter Heinrich	Februar/März bis Mai
Kohlrabi	April/Mai bis November
Wintersteckzwiebeln	Mai bis Juni
Zuckerschoten	Juni bis August
Frühlingszwiebeln	Juni bis Oktober
Winterpflanzknoblauch	Juli
Kichererbse	Juli bis August/September
Buschbohnen	Juli bis Oktober
Rote Bete	Juli bis November
Sommer-/Winterlauch	September bis Dezember, Ende Oktober bis März
Feldsalat	Oktober bis März
Grünkohl/Braunkohl	Oktober bis Mitte April
Asiasalate	Oktober bis April
Winterportulak	November bis März

Wetter, Klima, Klimawandel

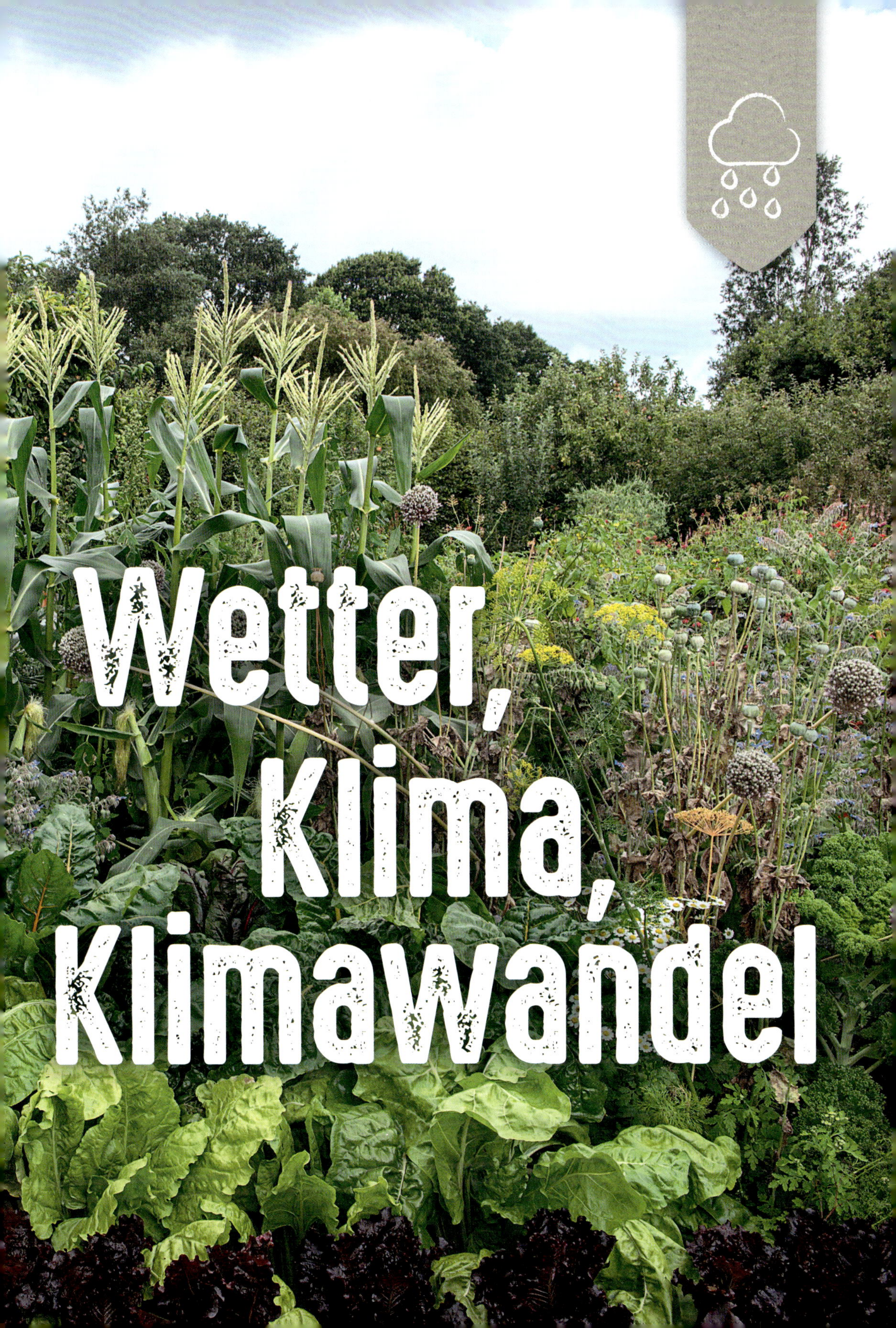

DAS SOLLTEN SIE WISSEN

Acht der neun heißesten Jahre seit Beginn der Wetteraufzeichnungen lagen im 21. Jahrhundert – die globale Erwärmung ist nicht mehr zu leugnen. Wir müssen uns auf die Veränderungen einstellen und helfen, das Klima zu schützen.

Die Ursachen des Klimawandels

Im meteorologischen Sinn versteht man unter dem Begriff Klima alle Wetterereignisse, die den mittleren Zustand der Atmosphäre über einen langen Zeitraum charakterisieren. Mindestens 30 aufeinanderfolgende Jahre sollten in die Berechnungen einbezogen werden.

Klima sowie Witterung und Wetter – das sind also zwei Paar Schuhe, denn Witterung und Wetter beziehen sich nur auf Tage bis Monate. Man hört ja immer wieder mal das Argument: „So trockene Sommer gab es früher auch schon". Das stimmt zwar, über einen langen Zeitraum hinweg betrachtet häufen sich allerdings in den letzten Jahren unter anderem trockene heiße Sommer und Starkregenereignisse. Das Klima ist nie gleichbleibend oder konstant, sondern natürlichen Wandlungen unterworfen, die Veränderungen verliefen früher aber sehr viel langsamer.

Deshalb ist klar: Die deutliche Erwärmung in den letzten Jahrzehnten ist nicht auf natürliche Veränderungen zurückzuführen, sondern menschengemacht. Seit der Industralisierung setzen wir immer mehr fossile Energieträger wie Erdöl und Kohle ein. Bei ihrer Verbrennung wird Energie frei, aber auch Kohlendioxid. Und zusammen mit Wasserdampf und Methan zählt CO_2 zu den Treibhausgasen. Je höher

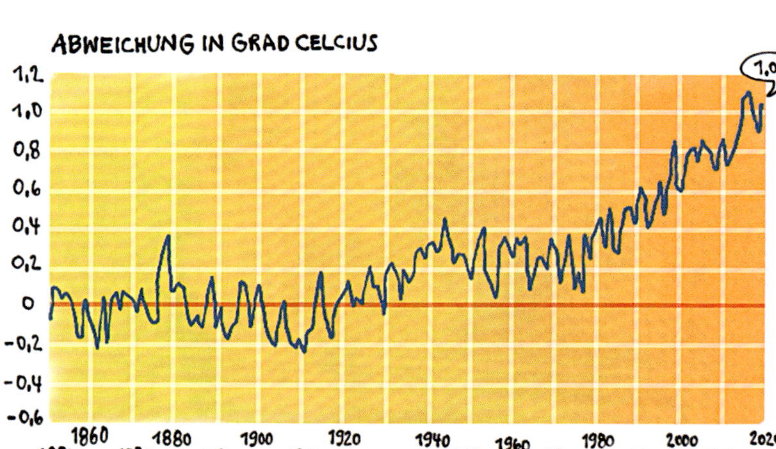

Seit Beginn des 20. Jahrhunderts ist es auf der Erde deutlich wärmer geworden. Die Nulllinie entspricht dem globalen Temperaturdurchschnitt von 1850 bis 1899. Dieser liegt bei etwa 13,7 °C.

deren Gehalt in der Atmosphäre, desto größer ist die Erwärmung. Andere Faktoren, die das Klima beeinflussen, sind veränderte Landnutzung, Bodenversiegelung und Abholzung der Wälder. Gerade Letzteres ist nicht gut, denn in den Baumkronen und der Biomasse der Wälder wird CO_2 gespeichert, das dann nicht in die Atmosphäre gelangt.

Wetterlagen bestimmen die Witterung

Dass extreme Witterungsverhältnisse entstehen können, liegt unter anderem daran, dass sich sogenannte Tiefdrucktröge und Hochdruckrücken bilden, die speziell im Alpenraum aus der ursprünglich zonalen Anströmung, also von West nach Ost, zu Nord- und Südströmungen führen. Wenn diese Strömungen länger anhalten, können ausgeprägte Temperaturextreme entstehen.

Als Beispiel seien die Föhnlagen genannt: So führen Südföhneffekte am Alpennordrand zu extrem hohen Temperaturen. Andererseits bilden sich bei hochreichenden polaren Kaltluftvorstößen aus Norden wiederum sehr niedrige Temperaturen.

Troglagen führen außerdem oft zum Abschnüren von Höhenkaltluft und zur Bildung von Sekundärtiefs im Mittelmeerraum. Kommt es dann auch noch zu Hochdruck im Norden, sind Blockierungen über Mitteleuropa vorprogrammiert.

Diesen blockierenden Strömungen hat man lange Zeit wenig Aufmerksamkeit geschenkt, heute weiß man jedoch, dass sie mitverantwortlich für die Ausbildung von Witterungsextremen sind. Sie können im Winter die intensiven und langanhaltenden kontinentalen Kältewellen bewirken, aber genauso zu den wochenlangen kontinentalen Hochs mit langen Hitze- und Trockenphasen führen, die sich im Zuge der aktuellen Klimaerwärmung häufen. Und wenn es intensiv und lange „wie aus Kübeln schüttet", treffen möglicherweise die von einem starken Russlandhoch gesteuerten kontinentalen Luftmassen auf gegensätzlich temperierte Luftmassen atlantischer Strömung aus dem Westen. So kommt es dann mitunter auch zu verheerendem Hochwasser.

Wie sich das Wetter wegen des Klimawandels letztlich verändern wird, dazu gibt es verschiedene Szenarien. Dass es im Winter mehr Niederschläge geben und im Sommer weniger regnen wird, kristallisiert sich jedoch schon jetzt heraus. Fest steht auch, dass dabei deutliche regionale Schwankungen, vor allem auch bei Starkniederschlägen, auftreten werden.

DER TREIBHAUSEFFEKT

Der Treibhauseffekt beruht auf dem physikalischen Prinzip, dass das Gasgemisch der Atmosphäre in verschiedenen Wellenlängen des elektromagnetischen Spektrums unterschiedlich stark durchlässig ist. So kann die kurzwellige Globalstrahlung der Sonne zu einem großen Teil zur Erdoberfläche durchdringen und sie erwärmen. Auch die oberflächennahen Luftschichten werden dabei erwärmt und steigen auf. Steigt die Temperatur der Oberfläche, erhöht sich auch die thermische Abstrahlung, die in der Atmosphäre durch die Treibhausgase stärker absorbiert wird als die kurzwellige Strahlung. Und das ist die Ursache des Treibhauseffektes: Die Atmosphäre erwärmt sich stärker.

Der Klimawandel und seine Wirkungen auf Flora und Fauna

Es gibt eine Verschiebung der Arten nach Norden. Dadurch kommt es zu einer stärkeren Ausbreitung nicht-heimischer und auch heimischer wärmeliebender Arten. Gewinner sind außerdem sehr anpassungsfähige Tiere und Pflanzen. Verlierer werden sehr spezialisierte und kälteliebende Arten sein, beispielsweise solche, die als Gebirgs- oder Moorbewohner ein eher kühles Klima benötigen. Ein Rückgang der Artenvielfalt zeichnet sich ab, weil sich Nahrungsbeziehungen und Fortpflanzungszyklen verändern.

FAUNA	
Vögel	Viele **Kurzstreckenzieher** treten den Vogelzug nicht mehr an oder kehren früher aus ihren Winterquartieren zurück. Im Gegensatz zu **Langstreckenziehern** können sie sich schneller an die veränderten Begebenheiten anpassen. Meisen brüten z. B. zwei Wochen früher und haben dadurch einen Startvorteil gegenüber Arten, die spät von ihrem Vogelzug zurückkehren.
Bienen	Anpassungsfähige Arten profitieren von den höheren Temperaturen und treten häufiger auf. Die wärmeliebende **Holzbiene** etwa breitet sich weiter nach Norden aus.
Insekten/Schmetterlinge	Von Taubenschwänzchen und Admiral ist bekannt, dass sie bereits Populationen in Mitteleuropa gebildet haben. Seltene Schmetterlingsarten werden eher verschwinden, z. B. Hochmoorgelblinge, Randring-Perlmutterfalter, Hochmoorbläulinge. Sie sind auf bestimmte Pflanzen angewiesen, die sich aufgrund der Erwärmung möglicherweise zurückziehen.
FLORA	
Allgemein	Durch die Erwärmung verlagern sich Vegetationszonen und Verbreitungsareale bergwärts. Es kann zu Lebensraumverlusten für seltene Pflanzen kommen. Neuartige nicht-heimische Pflanzenschädlinge nehmen zu.
Frühblüher und Gemüse	Durch den verfrühten Vegetationsbeginn treiben Pflanzen schneller aus. Schäden durch Spätfrost können zunehmen.
Pflanzengesellschaften	Es kann aufgrund der veränderten Umweltbedingungen zu lokalem Aussterben von Arten und Pflanzengesellschaften kommen.
Neophyten (gebietsfremde Pflanzenarten)	Wärmeliebende Arten sind konkurrenzfähiger. Es können sich deshalb auch nicht-heimische Arten gut ausbreiten, z. B. *Ambrosia*.

Das Klima im Garten

Viele verschiedene Faktoren beeinflussen das Klima in den unterschiedlichen Regionen der Erde. Auch im Mikrokosmos Garten herrschen in Bodennähe bestimmte klimatische Bedingungen, beispielsweise innerhalb von Pflanzenbeeten: Experten sprechen vom Mikroklima. Es ist geprägt durch schwächere Luftbewegungen, aber auch bestimmte Temperatur- und Feuchtebedingungen. Selbst auf so engem Raum wie etwa im Gemüsebeet mit den unterschiedlichen Pflanzen, die dort wachsen, kommt es zum Teil zu erheblichen Schwankungen.

Sowohl das regional vorherrschende Klima als das Mikroklima sind wichtige Wachstumsfaktoren für die Pflanzen. Sie zu kennen bedeutet, dass wir regulierend eingreifen und das Wachstum der Pflanzen positiv beeinflussen können.

Schaut man auf die globalen Zusammenhänge, lassen sie sich gut auf das Mikroklima übertragen, denn auch im Garten sind die Strahlungs- und die Energiebilanz wichtige Parameter. Einerseits liefert die Sonne in Form von Sonnenstrahlen Energie für die Erde, andererseits strahlt die Erde Energie in den Weltraum ab. In den verschiedenen Jahreszeiten ist die sogenannte Strahlungsbilanz allerdings ganz unterschiedlich, und das liegt an den saisonalen Schwankungen, die von der Tageslänge und vom Breitengrad abhängig sind. Bei sonnigem Wetter im Winter und niedrigstem Sonnenstand ist die Energie der Sonnenstrahlen deshalb im Gegensatz zum Sommer nur gering. Die Energie, die uns Sonnenstrahlen liefern, wird am Boden in andere Energieformen umgewandelt. Sie erwärmen den Boden und die Luft, werden im Verdunstungsvorgang gebunden und gespeichert, beispielsweise von Steinen. Steine und das Bodenmaterial an sich können deshalb starke Temperaturschwankungen reduzieren und ausgleichend auf das Mikroklima wirken.

Vielleicht haben Sie eine Trockensteinmauer im Garten oder große Steine, dann kennen Sie dieses Phänomen bestimmt. Auch Wasserflächen sind übrigens Wärmespeicher und in kühlen Regionen sehr effektiv. Klimaoptimierung nennt man sowas, und das ist nichts Neues. Denken Sie nur an die Terrassenkultur der peruanischen Hochländer oder unsere heutigen Glashäuser, Folientunnel oder auch Mistbeete – in kühlen Gebieten gute Möglichkeiten, dem „Klima auf die Sprünge zu helfen“.

In wärmeren, trockenen Gegenden und bei zunehmender Trockenheit, die den Garten und ihre Besitzer vor besondere Herausforderungen stellt, müssen andere Tricks angewendet werden. Ganz wichtig ist die Zeit, wann bewässert wird: Am besten geschieht das während der Abend- und Nachtstunden, denn tagsüber ist die Verdunstung einfach zu hoch und die Bewässerung dann ineffektiv.

Damit das Wasser im Boden bleibt und nicht verdunstet, lohnt sich auch der Anbau von Gemüse in Mischkultur (Seite 109), weil der Boden dann viel stärker beschattet ist. Wenn gleichzeitig alle Pflanzen genügend Licht bekommen, wird der Boden geschützt und Sie können von einer größeren Ernte profitieren. Das funktioniert auch, wenn der Boden gemulcht wird. Bei Starkregen wird dadurch weniger Erde abgetragen.

Die Prognosen: Darauf müssen wir uns einstellen – und das können wir tun

SOMMERTROCKENHEIT

Dass lange Trockenphasen zum Problem im Gemüsegarten werden können, haben wir in den letzten Jahren schon erlebt. Und der Trend wird sich fortsetzen. Aber bevor sich nun Verzweiflung breit macht, setzen Sie einfach auf geeignete Maßnahmen, um den Garten fit zu machen.

Der Schlüssel für den klimagewappneten Gemüsegarten liegt im Boden. Ist er gut gepflegt, mit Humus versorgt, gemulcht und wenn möglich auch ganzjährig bedeckt, funktioniert die Wasserspeicherung. Und das ist die beste Voraussetzung für ein gutes Wachstum der Pflanzen und eine gute Ernte.

Daneben spielt die Pflanzenauswahl eine Rolle. Mit tief wurzelndem Gemüse, das besser an tiefer liegendes Wasser kommt als Flachwurzler, mit dauerhaftem Gemüse, Früh- und Spätgemüse, kann der Anbau gelingen.

STARKREGEN

Da ist es wochenlang „knochentrocken" im Garten und dann kommt nicht der ersehnte warme „Landregen", sondern es schüttet wie aus Kübeln. Regional fallen solche Starkregenereignisse sehr unterschiedlich aus, sie können aber verheerende Folgen haben, mit Erdrutschen, Hochwasser und mehr.

Im Garten, vor allem wenn er ein wenig abschüssig ist, kommt es dann zur Erosion. Fruchtbarer Boden wird abgetragen, alles verschlämmt. Aber was gegen Trockenheit hilft, wird hier auch wirksam: eine gute Bodenführung. Lassen Sie den Boden nicht einfach so liegen. Er sollte immer mit Pflanzen bedeckt sein. Wird nicht gemulcht, dann hacken Sie die Beete, denn dadurch bleibt die Bodenoberfläche offenporig und kann Wasser viel besser aufnehmen. Zwischen den Pflanzen zu hacken ist auch nach dem Regen wichtig, denn das reduziert die Verdunstung.

STURM

Gegen eine leichte oder auch kräftige Brise ist absolut nichts einzuwenden, aber wie es in den letzten Jahren mitunter gestürmt hat, das war wirklich gefährlich. Tomatenhäuser wurden umgerissen und Pflanzen einfach umgeknickt.

Damit der Sturm nicht allzuviel Schaden anrichtet, heißt es: gut sichern. Folien-Tomatenhäuser sollten gut im Boden verankert sein, hoch wachsende Pflanzen an tief in die Erde geschlagenen Stäben angebunden werden. Vliesabdeckungen sind übrigens weniger windgefährdet als Folienabdeckungen.

SPÄTFROSTGEFAHR

Auch wenn die Temperaturen steigen und die Vegetationsperiode sich verlängert, kann es trotzdem noch immer zu niedrigen Temperaturen kommen. Das wird wohl auch so bleiben und ist besonders im frühen Frühjahr, wenn frostempfindliches Gemüse schon ausgesät oder sogar gepflanzt wurde, problematisch.

Trotzdem lohnt die frühere Aussaat und Pflanzung. Zum einen, weil doch niedrigere Temperaturen toleriert werden als gedacht, zum anderen, weil Abdeckvliese Schutz geben können.

Unkalkulierbare Schwankungen

Die Veränderungen, die sich durch den Klimawandel ergeben, sind auch im Gemüsegarten eine große Herausforderung. Dabei machen uns vor allem die Extremwetterereignisse zu schaffen. Hitze, Sturm, Trockenheit, Hagel & Co. können die Freude am Gärtnern mitunter verderben, vor allem, wenn eine gleichmäßige Pflanzenentwicklung wichtig für das Ernteergebnis ist. Radieschen reagieren beispielsweise auf eine schwankende Wasserversorgung und extreme Temperaturunterschiede mit einem pelzigen, scharfen Aroma. Bei Salaten kann es zu Absterbeerscheinungen an den Blatträndern kommen. Meist denkt man dann an Krankheiten oder Schädlinge, die Verursacher der Symptome sind aber widrige Umwelteinflüsse. Und dagegen gibt es kein Rezept. Genaues Beobachten und vielleicht auch Wetteraufzeichnungen bzw. Gartennotizen können aber helfen, die Situation im eigenen Garten einzuschätzen. Wird es über mehrere Jahre nichts mit den Radieschen, können sie genauso gut im Balkonkasten gezogen werden, wo man die Kultur besser im Blick hat und sie beeinflussen kann.

Das leidige Unkraut

Nicht nur die Gemüsepflanzen sind dem sich ändernden Klima ausgesetzt, auch das Unkraut, das noch besser wächst als gewöhnlich. So manche Brennnesselecke ist gut und nützlich und auch Sternmiere und Knoblauchsrauke haben durchaus ihre Berechtigung im Gemüsebeet. Aber zu viel davon setzt dem Gemüse zu und steht sogar in Konkurrenz mit den kultivierten Pflanzen. Außerdem entwickeln sich die wärmeliebenden Wildarten noch schneller. Und dann ändert sich auch insgesamt die Unkrautflora; bestimmte Pflanzen, beispielsweise das Franzosenkraut, erobern neue Gebiete, andere ziehen sich zurück.

Mit der Unkrautbegleitflora müssen wir im Garten unseren Frieden machen. Das eine oder andere Behaarte Schaumkraut kann stehen gelassen werden, und wen's stört, der hackt am besten an trockenen Tagen und lässt die Pflanzen dann als Mulchmaterial im Beet liegen. Aber machen wir uns nichts vor: Wildpflanzen sind ziemlich zähe Gewächse, und wenn Sie Pech haben, wächst das Gehackte wieder an. Hacken, sammeln und die nicht blühenden Pflanzen auf den Kompost werfen ist effektiver.

1 Hagelkörner können Salatpflanzen geradezu zerfetzen.

2 Trockenheit und starke Sonneneinstrahlung können irreversible Schäden hervorrufen.

3 Späte Fröste schädigen die Pflanzenzellen und lassen sie erschlaffen.

SCHLAPP MACHEN GILT NICHT

Trockenheit und Hitze – das übersteht nicht jedes Gemüse. So manche Asketen, von Lauch bis Pastinaken und von Braunkohl bis „Ewiger Kohl", sind aber immer noch gut dabei und bringen auch in trockenen Zeiten gute Erträge.

Tops im Gemüsebeet

Den Klimawandel gibt es nicht erst seit gestern, seit vielen Jahren schleichen sich die Veränderungen in unser Leben und in den Garten ein. Mittlerweile ist das wohl auch den größten Skeptikerinnen und Skeptikern klar. Was vor 15 Jahren in meinem Garten noch problemlos wuchs und gute Ernten einbrachte, beispielsweise meine geliebten Buschbohnen, macht heute einfach schlapp. In dem unglaublich trockenen Jahr 2018 starben die Bohnen sogar komplett ab. Seit einigen Jahren führe ich deshalb ein Tagebuch, notiere die Entwicklung der Pflanzen und teste, welches Gemüse (fast) ohne Bewässerung auskommt. Wer gut durchkommt, das hängt auch davon ab, wann die Trockenphasen im Lauf des Jahres auftreten, denn Trockenheit hat viele Facetten.

Wirklich verlässlich ist Lauch bzw. Porree. Ob Sommer- oder Winterlauch, die Pflanzen bleiben standhaft. Ist es sehr trocken, werden die Stangen nicht ganz so kräftig, insgesamt

zählt Lauch aber unbedingt zu den Gewinnern im Gemüsebeet.

Das gilt auch für verschiedene dauerhafte Gemüse, die immer noch viel zu selten im Garten angebaut werden. Der „Ewiger Kohl“ (Seite 76) wird mit seinem beblätterten Strunk beispielsweise den Grünkohlen zugerechnet. Fast das ganze Jahr über können Blätter geerntet werden und das auch in trockenen Zeiten. Das Staudengemüse etabliert sich am richtigen Standort gut und kann sich dann auch bei widrigen Witterungsverhältnissen behaupten. Gleiches gilt für Winterheckenzwiebel (Seite 81), Baumspinat aus der Gattung *Fagopyrum* (Seite 75) Topinambur (Seite 80).

Gute Ernten können Sie auch bei verschiedenen Wurzelgemüsen erwarten, allen voran Pastinaken (Seite 69) und Wurzelpetersilie (Seite 71). Die beiden Gemüsearten haben einen bedeutenden Vorteil gegenüber anderen Arten: Sie haben eine lange Vegetationszeit und wurzeln tief. Sie können also auch Feuchtigkeit in tieferen Bodenschichten erschließen, und das ist in trockenen Zeiten sehr viel wert. Und das Beste: Sie können mit einer Vliesabdeckung sogar noch im Winter geerntet werden.

Nicht zuletzt können Sie auch auf exotische Gemüsearten wie Kichererbsen (Seite 84) setzen. Viele davon stammen aus heißen, trockenen Gegenden und kommen mit den momentanen Bedingungen in unseren Gärten gut zurecht.

Flops im Gemüsebeet

Benötigt Gemüse während der Blühphase im Sommer besonders viel Wasser, dann sieht es mit einer guten Ernte ohne zusätzliche Bewässerung meist schlecht aus. Das gilt beispielsweise für Buschbohnen, die um die Blütezeit herum ausreichend mit Feuchtigkeit versorgt werden wollen, damit die Früchte sich schön entwickeln.

Ob wir weiterhin mit dem Blumenkohl rechnen können, ist ungewiss. Wenn es bei einer Pflanzung Ende Juli besonders heiß ist, kann es sogar zu Totalausfällen kommen, weil sich ein Blumenansatz gar nicht erst bildet.

Hitze und Trockenheit sind purer Stress für viele Pflanzen. Dazu kommt noch, dass sich in solchen Zeiten vermehrt bodennahes Ozon bildet, dass die Photosyntheseleistung verringert. Beim Chinakohl kommt es dann frühzeitig zu Schossern, Kopfsalat bildet dann mitunter keine richtigen gewickelten Köpfe mehr aus und Knollenfenchel keine Knollen.

Für manches Gemüse ist neben der Trockenheit vor allem eine ungleichmäßige Wasserversorgung schlecht. Vor allem Radieschen, Kohlrabi, Tomaten und Möhren haben darunter zu leiden. Die Früchte, Knollen und Wurzeln platzen dann häufig auf, Radieschen bekommen einen pelzigen Geschmack.

Trockenheit im Frühjahr kann sich bei Salat und Spinat verheerend auswirken, weil sie deren Keimung hemmt und die Saat dann gar nicht erst aufgeht.

Im klimatoleranten Garten finden auch Artischocken ihren Platz und machen dabei eine ziemlich gute Figur.

Allerlei Plagen

Mit der Klimaerwärmung verändert sich für Pflanzen und Tiere, Nützlinge wie Schädlinge, so manches. In einem intakten naturnahen Garten wird zwar nicht wirklich zwischen Nützlingen und Schädlingen unterschieden, wenn es um neu auftauchende Arten geht, können manche Tiere aber doch erhebliche Schäden verursachen, ohne dabei von ihren Gegenspielern in Schach gehalten zu werden. Die Marmorierte Baumwanze und die Grüne Reiswanze zählen dazu, die Lauchminierfliege, verschiedene Thripse und Spinnmilben, Schnellkäfer und Blattläuse.

Die in den letzen Jahren in Mitteleuropa aufgetauchten Schädlinge waren bisher auf wärmere Regionen beschränkt, scheinen sich nun aber in unseren Gefilden recht wohlzufühlen. Andere dagegen befinden sich auf dem Rückzug, weil es ihnen bei uns neuerdings zu warm geworden ist.

Und auch für Pilze, Bakterien & Co. haben sich die Bedingungen geändert. Noch vor einigen Jahren war der Falsche Mehltau ein häufig anzutreffender Schadpilz im Garten. Heute richtet er aber immer seltener wirklich Schaden an. Auch mit anderen Pilzschädlingen wie Septoria und Phytophtera, die Regen und längere Benetzungszeiten brauchen, um sich zu vermehren, werden wir weniger Probleme haben. Dafür wird der Echte Mehltau wohl noch stärker auftreten als bisher. Der Pilz wird durch Wärme und Trockenheit begünstigt – genauso wie Rostpilze und Blattfleckenkrankheit. Und auch Virsukrankheiten, die durch wärmeliebende Insekten übertragen werden, kommen jetzt häufiger vor.

Sorgen bereitet auch die Grüne Reiswanze, die immer wieder auftaucht, in Regionen mit kalten Wintern aber nicht dauerhaft anzutreffen ist. Die Marmorierte Baumwanze ist da schon weiter und auf dem Vormarsch, den Gemüsegärtnerinnen und -gärtnern das Leben schwer zu machen. Sie ist im Gegensatz zu einigen anderen Schädlingen nämlich nicht nur auf eine oder wenige Pflanzenarten spezialisiert, sondern befällt Gemüse und Obst.

Die längere Vegetationsperiode ist eigentlich eine Chance, um aus dem Gemüsegarten laufend Frisches ernten zu können. Sie hat aber auch Schattenseiten. Eine davon ist, dass so mancher ungeliebte Gast, der sich an den Pflanzen labt, nicht nur eine oder zwei, sondern mitunter sogar drei Generationen innerhalb eines Jahres entwickeln kann.

1 Die Marmorierte Baumwanze stammt ursprünglich aus China und hat in unseren Gärten noch keinen natürlichen Gegenspieler.

2 Grüne Stinkwanzen zählen wie die Grüne Reiswanze zu den Baumwanzen. Sie richten kaum nennenswerte Schäden an.

Vom Acker in den Garten

Interessanterweise tauchen mittlerweile im Garten schon lange bekannte Schädlinge auf, die früher lediglich im Ackerbau aufgetreten sind.

Einer davon ist der Maiszünsler, seit über 200 Jahren in Mitteleuropa etabliert. Früher hatte er überall nur eine Generation pro Jahr, mittlerweile treten unter anderem in Süddeutschland und der Schweiz aufgrund der veränderten Witterungsverhältnisse zwei Generationen im Jahr auf. Außerdem kommt er nun auch in die Hausgärten und labt sich an Paprika, Artischocken und verschiedenen Blumen.

Auch den Rapsglanzkäfer trifft man öfter im Gemüse an, vor allem an Blüten und Blättern von Kohlpflanzen. Das Gute daran: Er lässt sich leicht absammeln.

Ein anderre Schädling, der sich normalerweise am Mais gütlich tut, ist der Westliche Maiswurzelbohrer, der urprünglich in Amerika beheimatet ist. Auch im Garten geht er an Maispflanzen, bei Gurkengewächsen frisst er gerne die Blüten auf. Die Larven schädigen allerdings nur die Maiswurzeln. Als Folge knicken die Pflanzen um. Manchmal richten sich nach dem Schlüpfen der Larven zwar wieder auf, es kommt dann aber zum sogenannten Schwanenhalswuchs; ein typisches Merkmal für einen Befall mit dem Maiswurzelbohrer.

Ein Neuankömmling unter den Gartenschädlingen, der sich eigentlich auf Baumwollfelder bzw. Baumwolle spezialisiert hat, ist der Baumwollkapselwurm, ein Wanderfalter, der ursprünglich in Afrika beheimatet ist. In warmen Frühjahren tauchen die Tiere bereits im April auf, sonst meist in Juli und August. Baumwolle finden sie hier natürlich nicht, deshalb haben sie sich unter anderem auf Mais, Tomaten, Bohnen und Salat spezialisiert. Die Raupen bohren sich dabei gerne in Blütenboden und Früchte ein und werden erst entdeckt, wenn sie schon tüchtig gefressen haben. Wenn an den Tomaten also Saugschäden oder größere Löcher zu sehen sind, dann waren womöglich die gefräßigen Raupen des Baumwollkapselwurms am Werk. Bisher kann der Falter bei Minusgraden nicht überwintern. Sollte er sich aber anpassen, wird er wohl größere Schäden anrichten.

Der Baumwollkapselwurm ist die Raupe eines Nachtschmetterlings.

Schnellkäfer

In den letzten Jahren wurden Schnellkäfer im Garten und auch im Gewächshaus immer mehr zur Plage. Ziemlich schädlich sind unter anderem verschiedene Arten von Salatschnellkäfern und der Saatschnellkäfer. Allerdings richten nicht die Käfer selbst, sondern ihre Larven – die Drahtwürmer – Schäden am Gemüse an. Der Name ist bei Schnellkäfern Programm. Die dunkel gefärbten Tiere sind Schnellläufer und lassen sich bei Gefahr aus der Rückenlage hochschnellen. Die ausgewachsenen Käfer ernähren sich ausschließlich von Nektar und sind ganz unproblematisch.

Erbsen, Möhren, Salat, vor allem aber auch Kartoffeln stehen auf dem Speiseplan von Agriotes-Arten. Die Larven fressen beispielsweise in Kartoffelknollen tiefe Fraßgänge. Mit einem Schneckenfraß kann man sie nicht verwechseln, denn die Ränder der Löcher sind scharf begrenzt. Schneckenfraß ist größer und unregelmäßiger. Im Frühjahr fressen Drahtwürmer auch junge Keime, was die Pflanzen dann zum Teil erheblich schwächen kann. Manchmal kommt es sogar zum Totalausfall, und die komplette Ernte ist dahin.

Je nach Art dauert es 3–5 Jahre, bis sich Drahtwürmer im Boden verpuppt haben. In dieser Zeit fressen sie unterirdisch an Knollen, Wurzeln und Zwiebeln. Teilweise fressen sie den Stängelansatz direkt unter der Erde ab.

Warum es zu einem massiven Larvenbefall kommt, ist bisher noch nicht geklärt. Wenn im Garten vermehrt auch Leguminosen, beispielsweise Erbsen oder Kreuzblütler wie Kohl, angebaut werden, scheint sich der Befall aber zu reduzieren.

Blattläuse

Gern gesehene Gäste sind Blattläuse wohl in keinem Garten. Eigentlich sind es alte Bekannte, die schon seit vielen Jahren Schäden anrichten. Wie Zikaden sind die wärmeliebenden blattsaugenden Blattläuse auch Überträger von Pflanzenkrankheiten. Sie werden immer aktiver und vermehren sich stark.

Ostasien ist die Heimat der Zwiebelblattlaus, die 2007 erstmals in Baden-Württemberg und der Bodenseeregion gesichtet wurde. Sie kommt im Gewächshaus häufiger vor, mit zunehmend steigenden Temperaturen aber auch im Freiland. Als Langstreckenflieger kann sich eine Population allerdings ca. 80 km pro Jahr ausbreiten.

Die Grüne Salatblattlaus tritt wohl am häufigsten an Salaten auf und kann sich im Inneren des Salatkopfes ganz ungestört vermehren. Unschön ist vor allem, dass sich die Tiere selbst bei gründlichstem Waschen nur schlecht vom Salat entfernen lassen.

Zwiebelblattläuse besiedeln die oberirdischen Pflanzenteile, können sich aber auch auf eingelagerten Zwiebeln ausbreiten.

Bekämpfungsstrategien

Die wohl wichtigsten Maßnahmen für einen gesunden Gemüsegarten und eine gute Ernte sind früher wie heute gleichermaßen relevant: Suchen Sie den passenden Standort für das Gemüse, mulchen Sie den Boden, um eine gleichmäßige Feuchtigkeit zu erhalten, und setzen Sie auf Mischkultur und passende Partner im Beet. Schaderreger werden es nie einfach haben, wenn verschiedene Pflanzen zusammenstehen. In Monokultur sind viele Gemüse dagegen ein gefundenes Fressen für Schädlinge.

Außerdem ist die Sortenwahl entscheidend. Es gibt laufend neue tolerante oder sogar resistente Sorten, die Schädlinge gar nicht erst an sich ranlassen.

Die Bekämpfungsmaßnahmen mithilfe von Pestiziden sind im Hausgarten seitens des Gesetzgebers stark eingeschränkt – und das ist auch gut so. Gerade Insektizide mit Breitbandwirkung sind für fast alle Insekten, auch für Nützlinge, schädlich. Mit einem naturnahen Anbau und vorbeugenden Maßnahmen lassen sich auch neu auftretende Schädlinge abwehren. Die Kontrolle der Pflanzen ist dabei ganz wichtig. Rapsglanzkäfer kann man nämlich ganz leicht absammeln, einzelne befallene Pflanzen zieht man aus dem Boden, damit die Schädlinge nicht auf andere Pflanzen übergehen können. Entsorgen Sie befallenes Material aber lieber im Hausmüll und nicht auf dem Kompost, da können sich Schaderreger nämlich sogar noch vermehren.

Grundsätzlich sollte im Garten ein Gleichgewicht zwischen nützlichen und weniger nützlichen Lebewesen herrschen, das ist die beste vorbeugende Maßnahme.

Schnellüberblick Schädlinge

SCHÄDLING	SCHADEN	GEGENMASSNAHMEN
Baumwollkapselwurm (*Helicoverpa armigera*)	Bohrlöcher und Fraßgänge in Gemüsefrüchten, Samenständen, in Blüten und Knospen, Verunreinigungen durch Kotkrümel	Biologische Bekämpfung mit Schlupfwespen oder Bacillus-thuringiensis-Präparaten ist möglich
Grüne Salatblattlaus (*Nasonovia ribisnigri*)	Bei starkem Befall an den Innenblättern braune Stellen, die Salatköpfe faulen schnell	Resistente Salatsorten anbauen, Gegenspieler im Garten fördern, vor allem Marienkäfer, Schwebfliegen, Florfliegen, Blattlausschlupfwespen, Räuberische Gallmücke
Grüne Reiswanze (*Nezara viridula*)	Saugen Pflanzensaft, es kommt zu Fleckenbildung, Verkorkungen und Deformationen, Früchte können vorzeitig abfallen	Regelmäßige Kontrolle der Pflanzen/Früchte, Eigelege bzw. Larven absammeln
Marmorierte Baumwanze (*Halyomorpha halys*)	Saugen Pflanzensaft von Obstfrüchten, Tomaten, Paprika, es entstehen Flecken und Nekrosen, Früchte verfärben sich	Regelmäßige Kontrolle der Pflanzen/Früchte und Absammeln der Tiere
Salatschnellkäfer (*Agriotes* sp.)	Bohrgänge in Kartoffeln, Wurzelfraß an Gemüse	Hacken/Bodenbearbeitung im Frühjahr und Herbst zerstört Eigelege der Schnellkäfer

DEN PHÄNOLOGISCHEN KALENDER NUTZEN

Pflanzen, die Jahreszeiten einläuten? Ja, die gibt es, und nicht etwa nur vier, sondern gleich zehn. Der phänologische Kalender ist feiner untergliedert und kommt dem Rhythmus der Natur näher. Er ist beim Gärtnern eine große Hilfe.

Mit der Natur leben

Die Natur hält sich nicht an den Kalender. Allein die unterschiedlichen Höhenlagen machen den Mai an einem Ort zum Sommermonat und am anderen zum Spätwinter. Es gibt zum Teil erhebliche regionale Unterschiede, die sich nicht an Monaten festmachen. Im Garten vertraut man da besser den Pflanzen. Sie zu beobachten kann uns eine Menge lehren.

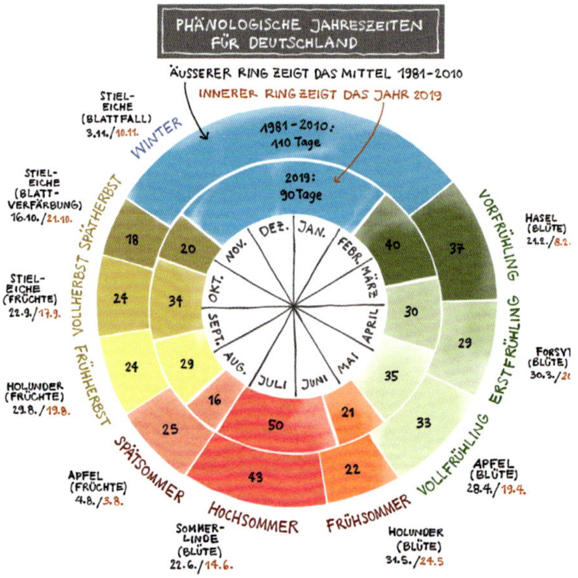

Pflanzenbeobachtungen machten Bauern und Gärtner schon vor Hunderten von Jahren. Sie wussten die Anzeichen der Natur zu deuten und richteten die Feldarbeit darauf aus. Diese Beobachtungen waren dann auch die Grundlage für die Bauernregeln, die heute aber oft nicht mehr so ganz hinhauen, vor allem weil sich das Klima deutlich verändert hat. Bestimmte Wachstumsphasen von Pflanzen zeigten früher wie auch heute verschiedene Gartenarbeiten an. „Blüht der Huflattich, dann können Möhren und Puffbohnen gesät werden", hieß es beispielsweise, und das gilt unverändert.

Wetterdienste in Deutschland und vielen anderen Ländern befassen sich seit Jahrzehnten auch wissenschaftlich mit den im Jahresablauf wiederkehrenden Wachstums- und Entwicklungserscheinungen von Pflanzen. So ist der phänologische Kalender entstanden, der die Jahreszeiten Frühling, Sommer und Herbst jeweils in drei Phasen unterteilt. Nur der Winter wird nicht gegliedert.

So besteht der Frühling aus Vorfrühling, Erstfrühling und Vollfrühling, der Sommer wird in Frühsommer, Hochsommer und Spätsommer untergliedert und der Herbst entsprechend in Frühherbst, Vollherbst und

Spätherbst. Jede dieser Phasen wird angezeigt durch sogenannte Zeigerpflanzen, die am Beginn einer phänologischen Jahreszeit eine bestimmte Entwicklungsphase erreichen. Blühen die Haselnuss und das Schneeglöckchen, dann beginnt der Vorfrühling, die Blüte der Sommerlinde zeigt den Hochsommer an und der Spätherbst beginnt, wenn die Blätter der Stiel-Eiche sich verfärben.

Gartenarbeiten

Anhand der Pflanzenaufzeichnungen hat man festgestellt, dass die meisten phänologischen Phasen früher eintreten und die Vegetationsperiode länger andauert. Die Blüte des Schneeglöckchens etwa setzt in manchen wärmeren Regionen bis zu zwei Wochen früher ein als im Mittel der letzten 16 Jahre.

Viele Arbeiten im Garten können Sie mithilfe des phänologischen Kalenders ganz im Rhythmus der Natur erledigen. Blühen die Schneeglöckchen, dann können Sie schon langsam mit der Bodenbearbeitung beginnen, im Erstfrühling, wenn die Stachelbeeren ihre Blätter entfalten, wird es Zeit für die Aussaat von Spinat, Pflücksalat, frühen Möhren, Mangold, Rote Bete, Erbsen und Petersilie. Die ersten reifen Johannisbeerfrüchte zeigen an, dass jetzt im Hochsommer eine gute Zeit für die Pflanzung von Endivien, Grünkohl, Kohlrabi und Kohlrüben gekommen ist.

Der phänologische Kalender ist nicht starr, er verändert sich von Jahr zu Jahr, je nach den Witterungsbedingungen. Die Natur selbst zeigt die Phasen durch die Zeigerpflanzen an, die sich durch jahrzehntelange Beobachtungen herauskristallisiert haben.

Phänologische Phasen

PHASEN	ZEIGERPFLANZE	MERKMAL
Vorfrühling	Haselnuss Schneeglöckchen	Blüte Blüte
Erstfrühling	Forsythie Stachelbeere	Blüte Blattentfaltung
Vollfrühling	Frühreifender Apfel	Blüte
Frühsommer	Schwarzer Holunder	Blüte
Hochsommer	Sommer-Linde Rote Johannisbeere	Blüte Beginn der Pflückreife
Spätsommer	Frühreifender Apfel Eberesche	Beginn der Pflückreife Erste reife Früchte
Frühherbst	Schwarzer Holunder	Erste reife Früchte
Vollherbst	Rosskastanie Stiel-Eiche	Erste reife Früchte Erste reife Früchte
Spätherbst	Rosskastanie Stiel-Eiche	Blattverfärbung Blattverfärbung
Winter	Spätreifender Apfel Stiel-Eiche	Blattfall Blattfall

Unser wichtigstes Gut – der Boden

GRUNDLAGE BODEN

Auf ihm wachsen unsere Nahrungsmittel, in ihm pulsiert das Leben – ein intakter Boden ist enorm wichtig, und das nicht nur für den Gemüsegarten. Das Klima beeinflusst den Boden und umgekehrt der Boden, also die Humusmasse, das Klima.

Die Haut der Erde

Böden umgeben die Erde wie eine Haut, wie einen Mantel. Es sind artenreiche, faszinierende Lebensräume, die je nach Ausgangsgestein und und Klima ganz unterschiedlich aussehen können. Die Mischung aus verwittertem, zerbröseltem Gestein, organischer Substanz, Wasser und Luft macht einen Boden aus, und natürlich die Tiere und Mikroorganismen, die darin leben, sowie die Pflanzen, die darauf wachsen. Boden ist lebenswichtig für unsere Ernährung, im Garten, in der Landwirtschaft, weltweit. Deshalb ist es so wichtig, dass wir uns um unsere Böden kümmern, sie pflegen und bewahren.

Welche Bodenart sich in Ihrem Garten letztlich gebildet hat, das wurde von vielen Faktoren beeinflusst. Neben dem Ausgangsgestein sind beispielsweise das Klima, Höhenlage und Neigung und natürlich die Zeit daran beteiligt. Auf einem kalkarmen Silikatgestein entsteht beispielsweise eine Braunerde, auf Kalkgestein häufig ein Rendzinaboden.

So ein Boden ist wie eine Torte in Horizonte eingeteilt, der Oberboden oder A-Horizont ist für uns Gärtnerinnen und Gärtner besonders wichtig. Hier vermischt sich organische Substanz mit mineralischen Bestandteilen, hier zersetzen sich Tier- und Pflanzenteile. Mutterboden oder Krume wird diese Schicht auch genannt, wobei in jedem Garten eine bestimmte Bodenart vorherrscht. Je nach Körnung der Bodenpartikel unterscheidet man Sand-, Lehm- und Tonböden.

Böden werden in Horizonte eingeteilt. Im Querschnitt kann man alles gut erkennen.

Eine Handvoll Erde ist voller Leben. Ein ganz wichtiges Bodentier ist der Regenwurm.

Das Beste kommt zuerst: Humus

Wie gut, dass es auf der Erde ganz unterschiedliche Böden gibt: Auf verbackenen Sandstein-Böden ist Weinbau möglich, karge magere Schotterböden sind ideal für Blumenwiesen. Und im Garten? Da ist ein lockerer humoser Boden genau richtig.

Vor allem die oberen 10 bis 30 cm des Bodens enthalten viel Humus. Je mehr davon, desto dunkler ist der Boden. Alles abgestorbene organische Material, von Pflanzenwurzeln bis zu tierischen und mikrobiellen Bestandteilen, wird als Humus zusammengefasst. Also ein ziemlich komplexes Gemisch, das ständigen Ab-, Um- und Aufbaumaßnahmen unterworfen ist. Ohne Humus wäre ein Boden leblos und eigentlich kein richtiger Boden, er wäre nur Ton, Sand oder Lehm. Im Humus dagegen brummt das Leben. Unvorstellbar viele Bodenlebewesen sind im Dauereinsatz und schaffen einen lebenden, nährstoffreichen Boden, der für fast alle Gartenpflanzen außerdem genau die richtige Säure-Basen-Balance bereitstellt.

Ein humoser Oberboden kann aber noch mehr: Die Struktur ist schön krümelig und stabil, Wasser und Nährstoffe werden nicht gleich ausgespült und stehen so länger den Pflanzen zur Verfügung. Außerdem erwärmt sich so ein humoser, dunkler Boden schnell und hält die Wärme dann auch. Ideal für den Gemüseanbau, vor allem im Frühjahr, wenn wir schon bald mit den ersten Aussaaten beginnen wollen.

Wir alle leben nicht nur auf dem Boden, sondern auch vom Boden und vor allem vom darin enthaltenen Humus, der für eine gute Ernte ganz wichtig ist. Er hat sogar Einfluss auf das Klima.

UNTERGRUNDBEWEGUNG

Es ist unvorstellbar, was unter unseren Füßen im Garten beinahe unbemerkt abläuft. In 0,3 Kubikmeter Gartenerde tummeln sich etwa 2,5 Billionen Mikroorganismen, 1 Million Fadenwürmer, 5000 Rädertiere, 100 Käferlarven, 80 Regenwürmer, 50 Schnecken, 50 Spinnen und 50 Asseln. Jedes einzelne Lebewesen trägt zur Bodenfruchtbarkeit bei und leistet gute Arbeit beim Zerkleinern und zersetzen des abgestorbenen organischen Materials.

Sie können sich das ungefähr so vorstellen: Boden wächst von unten, also dadurch, dass Gestein durch Verwitterungsprozesse zerkleinert wird, und von oben, wenn Pflanzenteile wie Laub oder Wurzeln absterben, Hinterlassenschaften von Tieren, tote Insekten oder Pilze und Bakterien durch die Bodenlebewesen abgebaut und umgewandelt werden.

Zuerst zerkleinern Bakterien die organischen Stoffe, ihnen folgen Pilze und das Gewebe zerfällt immer mehr, wird zerkleinert und vorverdaut und ist dann eine gute Mahlzeit für Würmer, Nematoden, Asseln, Springschwänze und was da alles noch so „kreucht und fleucht“. Was diese Tierchen ausscheiden, wird dann als Nährstoffe über das Bodenwasser gelöst und steht so den Pflanzen zur Verfügung. Eine Pflanze wächst, verliert Blätter, Ästchen, Früchte, die zu Boden fallen und der Kreislauf beginnt von Neuem.

Ein ganz wichtiges Tier im Untergrund ist der Regenwurm – wer viele davon im Boden hat, kann sich glücklich schätzen. Seine Arbeit kann beginnen, wenn organische Masse, beispielsweise ein Strohhalm schon mal vorzerkleinert wurde. Er verspeist kleineres Pflanzenmaterial und schließt die darin enthaltenen Bakterien und Pilze als Nahrung für sich auf. Was so ein Regenwurm dann ausscheidet ist pures Gold, also pures Gärtnergold. Die kleinen Humushäufchen enthalten ca. siebenmal mehr Stickstoff, dreimal mehr Kalium, zweimal mehr Phosphat und sechsmal mehr Magnesium als normale Gartenerde.

Aber das ist noch nicht alles: Regenwürmer dringen metertief in die Erde ein und schaffen ein Netz von Hohlräumen, durch das sich Luft und Wasser im Boden verteilen und in das Pflanzenwurzeln hineinwachsen können.

LEBEN IM BODEN

Neben Mikroorganismen, Bakterien, Fadenwürmern & Co. leben auch größere Tiere im Boden. Der Regenwurm ist einer davon, außerdem gibt es noch Hundertfüßer und Doppelfüßer, die beide zu den Tausendfüßern zählen.
Auf dem Speiseplan der Doppelfüßer stehen Laub und Totholz. Die Tiere sind sogenannte Erstzersetzer und schließen organisches Material auf.
Einer der größten Bodenbewohner ist der Maulwurf. Nicht jedermann ist erfreut, wenn der Erdwerfer seine Anwesenheit durch Erdhaufen bekanntgibt, fest steht aber, dass der Maulwurf im Boden Gutes tut. Er durchlüftet den Boden, vertilgt Schädlinge und lässt Wühlmäuse erst gar nicht in sein Revier.

Wie der Boden das Klima beeinflusst

Boden und Klima – das sind zwei ganz unterschiedliche Bereiche. Dennoch sind sie eng miteinander verwoben. Dass das Klima den Boden beeinflusst, vor allem wenn wir an Wetterextreme wie Trockenheit oder sintflutartige Regenfälle denken, ist nachvollziehbar, aber auch andersherum kann der Boden – bzw. vor allem die Humusschicht – Einfluss auf das Klima nehmen.

CO_2-SPEICHER

Bei der Photosynthese entziehen Pflanzen der Atmosphäre Kohlendioxid. Ein Teil davon wird gleich wieder von der Pflanze verbraucht, also veratmet. Es wird aber auch Kohlenstoff über die Wurzeln an den Boden abgegeben, ein anderer Teil wird von den Pflanze gespeichert. Pflanzen dienen uns einerseits als Nahrungsmittel. Wurzeln, Blätter und Pflanzenreste werden aber andererseits auch durch natürliche Prozesse in Humus umgewandelt. Und so bindet der Boden in Form von Humus Kohlenstoff mehr oder weniger fest.

Zum einen gibt es nämlich den sogenannten Nährhumus, der recht schnell zersetzt wird und den Pflanzen dann als Nährstoff zur Verfügung steht. Zum anderen gibt es aber auch den Dauerhumus. Hierbei verbinden sich unter anderem mineralische und organische Bestandteile zu Ton-Humus-Komplexen, und die sind so stabil, dass sie Jahrzehnte, ja sogar Jahrhunderte überdauern können.

Auf diese Weise speichern Böden enorm viel Kohlenstoff, sie sind die zweitgrößten Treibhausgasspeicher der Erde nach den Ozeanen. Je humoser ein Boden ist, umso mehr Kohlenstoff ist darin gespeichert. Besondere Kohlenstoffspeicher sind vor allem Moore. Hier werden nämlich kohlenstoffhaltige organische Stoffe nur sehr langsam abgebaut, weil der niedrige Sauerstoffgehalt des Wassers den Abbau erschwert. Werden Moore trockengelegt, zersetzen sich die organischen Stoffe schnell, Kohlendioxid entweicht in die Atmosphäre, und das beschleunigt den Klimawandel.

DIE SACHE MIT DER VERDUNSTUNG

Der Boden und auch die Pflanzen, die auf ihm wachsen, verdunsten Wasser und können so als Klimaanlage fungieren. Durch die Verdunstung wird nämlich Energie verbraucht und die Umgebungsluft kühlt sich ab. Das wirkt sich im Kleinen im Garten aus, kann aber sogar regional die Temperatur beeinflussen.

In Städten, die sich im Sommer oft extrem aufheizen, bringen nicht versiegelte, bepflanzte Böden und vertikale Bepflanzungen an Häusern wichtige Kühlungseffekte.

SONNENEINSTRAHLUNG

Böden erwärmen sich, wenn die Sonnenstrahlen darauf fallen; zuerst die oberen Schichten und dann auch die darunterliegenden. Wie viel von der Strahlung aufgenommen, also absorbiert wird, das hängt vom Boden selbst ab. Je heller nämlich die Oberfläche ist, desto mehr Strahlung wird reflektiert. Dass es auf der Erde nicht sehr viel heißer ist, liegt daran, dass Gletscher einen Großteil der Sonnenstrahlen, die auf die Erde treffen, reflektieren und sie dadurch kühl halten. Immer mehr Gletscher schmelzen aber aufgrund der Erderwärmung. Und das heißt: stärkere Erwärmung auf der Erde.

Wie das Klima den Boden beeinflusst

Durch die Klimaänderung wirken auf den Boden veränderte Witterungsbedingungen ein: Temperaturerhöhungen, wärmere Winter und dadurch eine Verlängerung der Vegetation, Starkniederschläge und lange Trockenphasen zum Teil mit großer Hitze können Bodeneigenschaften verändern. Wie stark, das hängt auch von der Bodenart und der Bodenpflege ab. Steigt beispielsweise die Lufttemperatur, dann erwärmt sich auch der Boden stärker. Ist genug Wasser vorhanden, dann können die Bodenlebewesen die abgestorbene organische Substanz schneller ab-, um- und aufbauen. Gemüse, Feldfrüchte und natürlich auch viele andere Pflanzen wachsen dadurch besser. Andererseits wird bei einem schnelleren Umwandlungsprozess im Boden auch mehr Kohlenstoff frei, der dann als Kohlenstoffdioxid in die Atmosphäre gelangt.

TROCKENHEIT

Trockene Sommer beeinflussen den Wasserhaushalt des Bodens. Es kann weniger Wasser gespeichert werden. Und das heißt: Es steht weniger Wasser für die Pflanzen zur Verfügung. Wasser, das auch für die Wärmeregula-

Eine gute Bodenbedeckung ist das A und O, um den Boden zu schützen.

Bei einem starken Regen kann der Boden leicht verschlämmen.

tion innerhalb der Pflanzen wichtig ist und zu einem guten Wachstum beiträgt. Und weil Nährstoffe im Wasser gelöst sind und über die Wurzeln aufgenommen werden, ist es um die Nährstoffversorgung der Gewächse auch schlechter bestellt. Selbst wenn Sie häufiger gießen oder beregnen – bei hohen Temperaturen verdunstet das Wasser einfach schneller. Die Pflanzen kümmern in solchen Zeiten vor sich hin und man ist schnell geneigt, mit etwas Dünger nachzuhelfen. Bringen tut das wenig, im Gegenteil: Die Gewächse können bei Trockenheit Nährstoffe schlechter aufnehmen. In Herbst und Winter regnet es dagegen im Durchschnitt mehr als früher. Nährstoffe, die im Boden während der Trockenzeiten festgelegt waren, werden jetzt verstärkt ausgewaschen und gelangen ins Grundwasser.

EROSION

Wenn es schüttet wie aus Eimern und der Regen auf den ungeschützten Boden prasselt, dann wird kostbarer Oberboden abgetragen, der Boden verschlämmt und erodiert. Erosion kann außerdem durch Wind verursacht werden, der kleinste Bodenpartikel verwehen kann. Nicht nur in hängigen Gärten kann das passieren, auch auf ebenen Flächen ist ein erheblicher Abtrag möglich.

Es dauert unglaublich lange, bis ein Boden aufgebaut ist und sich ganz zum Schluss eine gute Schicht Dauer- und Nährhumus gebildet hat. Boden kann allerdings in kurzer Zeit abgetragen werden, wenn extreme Niederschläge oder Sturm zu Erosionen führen.

Das passiert jedoch vor allem dann, wenn der Boden ungeschützt ist, keine Mulchschicht oder eine Bepflanzung ihn bedeckt.

Erosion ist weltweit ein großes Problem. Werden die nährstoffreichen oberen Bodenschichten abgetragen, sinkt die Fruchtbarkeit der Böden. Außerdem wird mehr Kohlenstoff als Kohlenstoffdioxid in die Atmosphäre abgegeben.

Den Boden kennenlernen

Wir können den Boden im Gemüsegarten durch viele verschiedene Maßnahmen pflegen und bewahren, das Bodenleben aktivieren, für gute Ernten sorgen und dabei auch etwas für das Klima tun. Zunächst sollte man aber wissen, um was für einen Boden es sich im Garten eigentlich handelt.

Die drei wichtigsten Bodenarten sind Sand-, Lehm- und Tonböden (Seite 30). In Reinform kommen sie im Garten aber kaum vor. Meist handelt es sich um lehmigen Sand, sandigen Lehm oder tonigen Lehm. Sandböden sind sehr grobkörnig und durchlässig. Wasser können sie nicht gut halten, dadurch waschen sich auch Nährstoffe leichter aus. Allerdings erwärmen sich Sandböden recht schnell. Herrscht lehmiger Boden vor, dann ist das ideal. Lehm ist feiner gekörnt, hat ein gutes Wasserspeichervermögen und stellt den Pflanzen dadurch auch ausreichend Nährstoffe zur Verfügung. Tonböden werden auch als „schwere Böden" bezeichnet, sie sind nämlich schwer zu bearbeiten. Die Bodenpartikel sind so feinkörnig, dass sie sehr dicht und porenarm sind, sodass Wasser nur langsam versickert. Erst wenn der Boden gut abgetrocknet ist, kann gehackt, gesät und gepflanzt werden.

TESTEN SIE MAL

Wer schon lange den eigenen Garten bewirtschaft, der kennt seinen Boden meist und weiß um die Besonderheiten. Aber egal ob „alter Hase" oder Anfänger, eine Fingerprobe ist schnell gemacht und bringt Gewissheit.

Nehmen Sie eine kleine Handvoll Erde in die Hand, die anschließend leicht befeuchtet wird. Fühlt sich der Boden grobkörnig an und lässt er sich nicht zu einer Wurst oder Kugel formen, haben Sie einen überwiegend sandigen Boden im Garten.

Bei einem lehmigen Boden merkt man ganz schnell: Der ist weich und kompakt und lässt sich gut formen; schluffig ist der Fachbegriff dafür.

Tonige Böden sind perfekt formbar, fast zu gut für das Pflanzenwachstum, denn sie werden gleich sehr dicht und fest.

WAS WÄCHST WO?

Eine wichtige Grundeinstellung beim Gemüse-Gärtnern ist es, die Gegebenheiten erst einmal zu akzeptieren. Sonneneinstrahlung, Bodenbeschaffenheit, Hanglage, Höhenlage – das alles lässt sich nicht ändern, und das gilt vor allem auch in Zeiten des Klimawandels. Auf den verschiedenen Bodenarten wächst aufgrund der Beschaffenheit auch Gemüse unterschiedlich gut. Sie können zwar eine Menge tun, um den Boden zu verbessern, aber achten Sie bei der Gemüseplanung ruhig auch darauf, welche Arten in Ihren Garten am besten passen.

Wer einen mittelschweren Lehmboden im Garten hat, kann sich glücklich schätzen. Gemüse wächst hier nämlich einfach gut. Sandboden ist schon weniger geeignet, vor allem während der zunehmenden Trockenphasen können Wasser und Nährstoffe nicht gehalten werden. Setzen Sie am besten auf Schwachzehrer wie Bohnen, Erbsen und Kräuter. Für Spargel und Karotten ist so ein lockerer Boden aber zum Durchwurzeln auch gut geeignet. Verdichtete Erde ist für Gemüse gar nichts. Bei tonigem Boden kann Gründüngung (Seite 43) helfen.

DAS KÖNNEN SIE TUN

Machen Sie den Garten klimafit, damit das Gemüse beste Bedingungen zum Wachsen hat. Mit der richtigen Bodenbearbeitung, ökologischem Pflanzenschutz, Humusaufbau und einigem mehr ist Ihr Garten gut gewappnet.

Humus aufbauen

Eine humose Oberschicht – das ist für Gärtnerinnen und Gärtner praktisch der Schlüssel zum Glück. In sehr intensiv genutzten Böden, wo viele Starkzehrer wachsen, die Erde oft ungeschützt und unbedeckt ist, viel gedüngt oder Erde durch Erosion abgetragen wird – um nur einige Beispiele zu nennen – wird die Humusschicht dünner. Das ist nicht gut für das Klima insgesamt, weil der Boden mehr CO_2 freisetzt und weniger speichern kann (Seite 33).

Wenig Humus ist außerdem keine gute Basis für den Gemüseanbau. Humusaufbau ist deshalb im Garten enorm wichtig. Zum einen braucht Gemüse Nährhumus, der schnell Nährstoffe bereitstellt, zum anderen muss sich Dauerhumus bilden, der insgesamt die Bodenstruktur verbessert und gesund hält. In langen Trockenphasen, bei Starkregen und Sturm ist ein humoser Boden die beste Vorsorge.

Es gibt dabei nicht eine Maßnahme allein, um eine respektable Humusschicht aufzubauen, es sind viele Schritte, die dazu beitragen.

Lassen Sie bei der Ernte abgeschnittene Blätter auf der Erde liegen, mulchen Sie beispielsweise mit Grasschnitt, düngen Sie mit Kompost und graben Sie am besten gar nicht um. Die Bodenlebewesen brauchen Futter, dann vermehren sie sich und bereiten einen guten, durchlüfteten Gartenboden, der auch widrigen Umständen trotzt.

Kompost ist ein Alleskönner – er fördert die Bodenstruktur und die Humusbildung, aktiviert das Bodenleben und ist ein guter Dünger.

Für Schnellkomposter findet sich auch in kleineren Gärten ein Platz.

Kompost im Garten

Kompostieren, das ist die perfekte Abfallverwertung. Organisches Material, das im Garten, aber auch in der Küche anfällt, wird aufgeschichtet, Mikroorganismen, Bakterien, Pilze, Asseln, Würmer und mehr zersetzen das Ganze und wandeln es in gute Komposterde um. So werden nährstoffhaltige Pflanzenreste wieder dem gärtnerischen Kreislauf zugeführt.

Das Prinzip ist dabei ganz ähnlich wie bei der Humusbildung, nur dass wir beim Kompost viel aktiver mitwirken, aufsetzen und umsetzen, also selbst Hand anlegen.

Mit Komposterde können Sie den Boden auf natürliche Weise düngen. Für viele Gemüse reicht die Nährstoffversorgung durch den Humusgehalt im Boden und den zusätzlichen Kompost aus, um gut und gesund zu wachsen und eine reiche Ernte zu produzieren. Im Frühjahr werden am besten 3 l/m^2 Kompost leicht in den Boden eingearbeitet. Er verbessert den Boden und düngt ihn zugleich, unter anderem mit Phosphat und Kalium.

Kompost ist auch für die Bodenlebewesen ein gefundenes Fressen und fördert und vermehrt die Humusbildung.

Außerdem können Sie Kompost gut als Bodenverbesserer etwa bei sandigen Böden einsetzen. Er fungiert als Wasser- und Nährstoffspeicher. Und wenn Sie Kompost regelmäßig mit sehr toniger Erde vermischen, dann wird sie mit der Zeit luftdurchlässiger und lockerer und kann besser bearbeitet werden.

Damit alles gut verrottet, ist der Aufbau wichtig: Unten kommen Heckenschnitt, zerkleinerte Äste und Baumschnitt rein, darüber kommt das klassische Kompostmaterial, wie abgeschnittene Blätter, Stängel, Gemüseabfall aus der Küche. Wichtig ist, dass alles gut kleingeschnitten ist.

Organische Dünger

Pflanzen brauchen Nährstoffe zum Wachsen und Gedeihen – das ist sozusagen ihr Futter. Die einen benötigen mehr, die anderen weniger. Bei schnell wachsendem Gemüse wie Radieschen, Salat & Co. reicht schon das, was die Humusschicht an Nährstoffen liefert, bzw. eine geringe Kompostgabe. Starkzehrer wie Lauch und Kohlgewächse sind da schon etwas anspruchsvoller.

Wenn gedüngt wird, dann sollten Sie auf jeden Fall wissen, welche Nährstoffe im Gartenboden enthalten sind. Eine Bodenprobe kann darüber Aufschluss geben. Verschiedene Labore bieten die Untersuchung des Bodens an und geben dann mit dem Ergebnis auch gleich eine Düngeempfehlung. Darüber hinaus müssen Sie auch die Nährstoffansprüche der Pflanzen berücksichtigen. Zu viel Dünger vertragen Gemüse nämlich schlecht, oft werden die Blätter weich und können leichter von Schädlingen und Krankheiten befallen werden.

Auf dem Markt finden sich jede Menge unterschiedliche Dünger, viele davon zählen zu den mineralischen Volldüngern, die überwiegend Stickstoff, Phosphor und Kalium enthalten. Diese Nährstoffe werden schnell von den Pflanzen aufgenommen. Da wir Gärtnerinnen und Gärtner hin und wieder etwas mehr düngen, um den Pflanzen etwas Gutes zu tun, kommt es früher oder später häufig zu einer Überdüngung. Dadurch werden dem Boden gleichzeitig Spurenelemente entzogen und die Fruchtbarkeit, also auch die Humusschicht, nimmt ab. Die leicht wasserlöslichen Mineraldünger werden zudem noch schneller ausgewaschen und gelangen dann ins Grundwasser.

Um die Bodenfruchtbarkeit zu fördern, sind deshalb organische Dünger, die aus natürlichen Rohstoffen bestehen, sehr viel effektiver. Die enthaltenen Nährstoffe sind nicht sofort verfügbar, sondern werden nach und nach abgegeben, und das ist für ein gleichmäßiges Wachstum besser. Fast alle organischen Dünger sind Langzeitdünger. Zuerst einmal müssen Mikroorganismen die Dünger zersetzen, bevor die Nährstoffe dann von den Pflanzen aufgenommen werden können. Eine nachhaltige Versorgung des Bodens und der Pflanzen ist damit gesichert, eine Überdüngung kommt dadurch kaum vor.

TIERISCHE DÜNGER

Viele organische Dünger sind tierischen Ursprungs, besonders gerne werden Horndünger eingesetzt. Sie bestehen aus zerkleinerten Hufen und Klauen von Rindern, selten auch von

Organische Dünger

DÜNGER	NÄHRSTOFFE	AUSBRINGUNG
Hornspäne/Hornmehl	Überwiegend Stickstoff	Vor der Aussaat bzw. während der Vegetationsperiode
Pferde- und Rinderdung	Stickstoff, Phosphat, Kalium, Magnesium	Der Mist muss gut abgelagert sein; als Grunddüngung im Frühjahr und zur Nachdüngung im Herbst
Kompost	Stickstoff, Phosphat, Kalium, Magnesium, Kalk	Während der Vegetationsperiode, hauptsächlich im Frühjahr
Schafwollpellets	Stickstoff, Schwefel, Kalium, Magnesium, Phosphor	Während der Vegetationsperiode; eine einmalige Düngung ist meist ausreichend; um den Wurzelbereich einarbeiten
Brennnesseljauche	Viel Stickstoff und Kalium	Während der Vegetationszeit um den Wurzelbereich der Pflanzen gießen
Leguminosenschrot, z. B. aus Lupine oder Ackerbohne	Vor allem Stickstoff, aber auch Phosphor, Kalium	Vor der Aussaat bzw. während der Vegetationsperiode

Schafen. Das Material fällt bei der Schlachtung an und enthält vor allem Stickstoff. Wenn im Boden durch Kompostzufuhr und Humus genügend Phospor, Kalium und die wichtigen Mikronährstoffe enthalten sind, dann ist eine Düngung mit Hornspänen optimal.

Auch Stallmist ist ein guter Dünger, der mehr als nur Stickstoff enthält. Aber das ist abhängig vom Misttyp – also ob der Mist von Pferd, Rind, Geflügel oder Schaf stammt – und von der Lagerdauer. Frischer Dung ist nämlich in den meisten Fällen zu scharf, er schädigt die Pflanzenwurzeln. Pferdemist ist für beinahe alle Gemüse gut geeignet. Er enthält Stickstoff, Magnesium, Phosphor und Kalium und hat eine hohe Wasserbindekraft. Rindermist ist ebenfalls ein Allzweckdünger und für alle Böden und Pflanzen geeignet.

Sogar mit Schafwolle – ein Mehrnährstoff- und Langzeitdünger – können Sie das Gemüse düngen. Etwas nicht gereinigte Schafwolle wird zerrupft ins Pflanzloch gegeben oder um größere Pflanzen herumgelegt. Wer keinen Schäfer in der Nähe hat, kann mit Wollpellets düngen. Meist müssen Sie nur einmal damit düngen, das reicht schon aus, die Pellets sollten aber direkt ins Pflanzloch gegeben oder um die Pflanzen herum in den Boden eingearbeitet werden. Auch Dung gibt es als praktische Pellets zu kaufen. Dessen Ausbringung ist etwas einfacher.

1 Geben Sie ruhig eine Handvoll Hornspäne vor dem Pflanzen in das Pflanzloch.

2 Für eine Brennnesseljauche werden zerkleinerte Blätter mit kaltem Wasser aufgegossen.

PFLANZLICHE DÜNGER

Pflanzen düngen Pflanzen – das geht natürlich auch. Brennnesseln sind beispielsweise ein wirksamer Stickstofflieferant, Beinwell liefert Kalium.

Bevor die Pflanzen ihre Düngewirkung entfalten, muss man aber eine Brühe oder Jauche daraus herstellen. Für Jauchen aus Brennnesseln oder Beinwell setzt man 1 kg frisches Pflanzenmaterial mit 10 l Wasser an und lässt das Ganze dann 2–3 Wochen gären. Die Jauche ist fertig, wenn sich die Blätter und anderen Pflanzenteile am Boden absetzen. Dann wird abgeseiht und das Pflanzenwasser – im Verhältnis 1:10 verdünnt – um den Wurzelbereich der Pflanzen ausgebracht. Alle 14 Tage können Sie mit Pflanzenjauchen düngen und stärken die Pflanzen gleichzeitig damit.

Neben Algendüngern, Trester und Niemsamen ist auch Leguminosenschrot ein guter pflanzlicher Dünger, der im Bioanbau immer beliebter wird. Die Samen der Leguminosen enthalten bis zu 5 % Stickstoff. Sie werden fein geschrotet ausgebracht.

Den Boden bearbeiten

Bevor das Aussäen und Pflanzen im Frühjahr beginnt, wird der Boden gelockert, später glattgerecht, während des Wachstums wird gehackt und bei vielen Gärtnern steht noch immer das Umgraben der Beete auf dem Programm.

Es ist wichtig, den Boden vor allem im Frühjahr etwa 1 – 2 Wochen vor der Aussaat zu lockern, und dabei gleich ein bisschen Unkraut zu jäten. Dann kann er sich setzen und wird kurz bevor der Samen oder die jungen Pflänzchen in die Erde kommen, glattgerecht. So entsteht ein wunderbares Saatbett.

Die Hacke ist im Gemüsegarten unverzichtbar. Es gibt nämlich sogenannte Hackfrüchte, beispielsweise Mais, die Unkräuter neben sich nicht gerne dulden. Da ist regelmäßiges Hacken angesagt.

Ein ganz wichtiges Gartengerät ist die Hacke auch, wenn es stark geregnet hat und der Boden verschlämmt oder verkarstet ist. Durch das Hacken kommt einerseits Luft in den Boden, andererseits werden Wasser und Luft führende Kanäle unterbrochen und das unterbindet die Verdunstung. In Trockenphasen ist das enorm wichtig, um die Feuchtigkeit im Boden zu halten.

Der Spaten sollte dagegen in der Ecke stehen bleiben. Im naturnahen und für den Klimawandel gerüsteten Garten wird er nur ganz selten benötigt. Die Sache ist nämlich die: Wir möchten durch verschiedene Maßnahmen die Humusschicht bewahren und weiter aufbauen. Mit Kompostgaben, Mulchen und organischer Düngung gelingt uns das auch. Es entstehen Bodenschichten, in denen die Lebewesen unter der Erde es sich eingerichtet haben und ihrer Arbeit nachgehen. Beim Umgraben wird diese 15–20 cm starke Schicht dann aber einfach auf den Kopf gestellt, die Nährstoffproduzenten der Wurzelzone werden ins Freie katapultiert, Bodenbewohner, die Sauerstoff brauchen, kommen in die luftärmere untere Schicht. Es dauert lange, bis sich das wieder geordnet hat. Ein humoser Boden muss eigentlich gar nicht umgegraben werden. Greifen Sie lieber zur Biograbegabel oder zum Sauzahn. Beide Geräte lockern den Boden tief, ohne die Schichten zu vermischen.

Zum Lockern der Beete und zum Unkraut hacken zwischen dem Gemüse ist eine Doppelhacke mit Blatt und zwei Zinken ideal.

Fruchtfolge

Erstellen Sie eigentlich jedes Jahr einen Plan für den Gemüsegarten? Das ist nämlich eine richtig gute Sache, um den Überblick zu bewahren.

Mal hier ein Beet Kohl und da Kartoffeln, dort die Bohnen und woanders kann der Lauch hinkommen: Das ist keine gute Idee. Wenn wir den Boden bewahren wollen, dann ist es wichtig, das Gemüse im Blick zu haben, das auf den Beeten wachsen soll. Jede Art entnimmt dem Boden unterschiedliche Nährstoffe; wachsen immer am selben Platz Zwiebeln, Kürbisse oder Kartoffeln, dann laugt das den Boden aus. Darum wird eine Fruchtfolge im Garten eingehalten.

Gemüse wird nach seinen Nährstoffansprüchen in Stark-, Mittel- und Schwachzehrer eingeteilt. Zu den Starkzehrern zählen Kohlarten, Gurken, Kartoffeln, Sellerie, Zucchini und Kürbis. Einen mittleren Nährstoffbedarf haben beispielsweise Zwiebeln, Lauch, Rote Bete und Spinat, wenige Nährstoffe brauchen

Grafik eines Gartenplans mit Fruchtfolge 1.Jahr: Starkzehrer wie Tomaten; 2. Jahr: Mittelzehrer wie Salat, Karotten; 3. Jahr: Schwachzehrer wie Radieschen; 4. Jahr: Gründüngung.
Der weiße Pfeil gibt an, wohin die Kultur im nächsten Jahr rutscht, wenn man diese vier Beete eben als vier und nicht als eins versteht (vgl. Vierfelderwirtschaft).

unter anderen Bohnen, Erbsen und Feldsalat. Auf einem Beet wachsen dann im ersten Jahr Starkzehrer, im zweiten Jahr Mittelzehrer und im dritten Jahr Schwachzehrer. Wenn Sie innerhalb eines Jahres mehrere Gemüse auf einem Beet kultivieren, dann können Sie diese Reihenfolge ebenfalls einhalten, das Ganze heißt dann Fruchtwechsel. Wo sich Lücken auftun, da können getrost ein paar Lückenfüller hinkommen: Salat, Radieschen und Kohlrabi sind nach kurzer Entwicklung erntereif und haben keine hohen Ansprüche.

Es gibt aber noch einen anderen Grund, warum Fruchtfolgen so wichtig sind: Es gibt nämlich sogenannte bodenbürtige Krankheiten und Schädlinge, die im Boden überdauern. Beim Kohl ist das beispielsweise die Kohlhernie. Nematoden befallen auch gerne Kohlgewächse, Drahtwürmer stehen auf Kartoffeln. Diese Krankheiten und Schädlinge können sich wunderbar vermehren und einrichten, wenn auf einem Beet immer wieder dasselbe Gemüse angebaut wird; die Ernten fallen aber immer schlechter aus. In einer Fruchtfolge kommt erst nach frühestens drei Jahren ein Gemüse an denselben Platz. In der Zwischenzeit finden die Schädlinge und Krankheiten keine Nahrung und verziehen sich.

GRÜNDÜNGUNG

Es gibt auch Pflanzen, die den Boden nicht auslaugen, sondern ihm Gutes tun. Die sogenannten Gründüngungspflanzen können Sie in die Fruchtfolge integrieren, also beispielsweise nach der Ernte im Sommer ausbringen und dann durchaus bis zur nächsten Aussaat im Frühjahr stehen lassen.

Die Pflanzen bedecken den Boden – das ist vor allem auch bei den veränderten klimatischen Bedingungen ganz wichtig, um Erosion zu verhindern und den Humusgehalt zu erhöhen –, lockern und durchlüften tiefere Bodenschichten, aktivieren Bodenorganismen. Unter den Gründüngungspflanzen sind auch Leguminosen, die den Boden mit Nährstoffen anreichern.

Im Garten ist vor allem *Phacelia* beliebt. Von April bis Ende August können freie Beete damit eingesät werden. Weil *Phacelia* nicht mit anderen Gemüsearten verwandt ist, bringt sie Abwechslung in die Fruchtfolge. Außerdem ist sie eine gute Bienenweidepflanze. Bei Frost stirbt *Phacelia* ab. Die tiefreichenden Wurzeln bleiben im Boden, das abgestorbene Laub wird gemulcht. Unter den Leguminosen sind *Serradella* und Sommerwicken empfehlenswert, *Tagetes* regeneriert den Boden und hilft bei Problemen mit Nematoden.

1 *Phacelia* wird auch Bienenfreund genannt.

2 Inkarnatklee und *Phacelia* bilden viel Grünmasse, die später als Mulchschicht dient.

3 Gelbsenf sollte nicht vor Kohlgewächsen stehen. Die Pflanzen sterben bei Frost ab.

DEN BODEN SCHÜTZEN

In der Natur kommen unbedeckte Flächen praktisch nicht vor. Auf dem Waldboden liegen Blätter, wachsen Moose und Farne. Wiesen sind mit Gräsern und Kräutern bedeckt. Im Garten können wir das Prinzip nachahmen.

Gut gemulcht ist halb gegossen

Der Boden ist ein lebender Organismus, der durch äußere Einwirkungen zu Schaden kommen kann. Austrocknung, Erosion, Verdichtung – darüber haben Sie auf den vorhergehenden Seiten ja bereits einiges gelesen. Allein wenn der Regen auf die „nackte Haut der Erde" prasselt, zerschlägt er die Krümel und die Oberfläche sieht anschließend wie zusammengebacken aus. Und: Die Starkwetterereignisse nehmen immer mehr zu und werden dem Boden weiter zusetzen.

Die Natur hilft sich da seit jeher selbst. Blätter und feine Nadeln werden nicht abgerecht, Kräuter und Gräser nicht weggezupft – der Boden ist immer bedeckt und hat so einen guten Schutz. In der Streuschicht des Waldes können so viele Tiere und Pilze existieren, die das organische Material zersetzen.

Im Gemüsegarten kann das ganz ähnlich laufen. Allerdings wollen wir ernten, entnehmen Pflanzen aus den Beeten, säen und pflanzen wieder aufs Neue. Eine Streuschicht kann sich da nur schwer bilden. Das ist aber kein großes Problem, denn die Lösung heißt ganz einfach: Mulchen. Das ist vielleicht anfangs ein ungewohnter Anblick im Garten. Nach einer Weile werden Sie jedoch merken: Dem Boden und dem Gemüse tut so eine Mulchdecke richtig gut.

Ein so ausgetrockneter Boden bietet keine optimalen Wachstumsbedingungen für Gemüse.

Beim Mulchen geht es unter anderem darum, den Boden während der Vegetationszeit zwischen den Pflanzen abzudecken. Aber auch im Winter oder nach der Ernte sollte der Boden nicht nackt sein. Eine Gründüngung einzusäen ist dann eine gute Idee. Es gibt aber auch noch eine andere Möglichkeit, den Boden zu schützen: die Flächenkompostierung. Dazu wird zerkleinertes Pflanzenmaterial schon vor der Pflanzung auf die Beete gestreut und leicht eingearbeitet. Da hinein kommen dann die Jungpflanzen.

Die Vorteile des Mulchens sind einfach nicht von der Hand zu weisen. Mit zunehmenden Trockenphasen, Hitze, Starkniederschlägen und Stürmen werden Mulchdecken im Garten immer mehr an Bedeutung gewinnen.

Mulchdecken, beispielsweise aus Grasschnitt, Blättern, Kräutern, Gründüngung, schützen vor Verdunstung, Austrocknung und Verkrustung des Bodens, sorgen für ausgeglichene Temperaturen, regen die Tätigkeit von Mikroorganismen an und unterdrücken Unkräuter. Sie werden weniger zu tun haben im Garten, weil nicht mehr ständig gehackt und gegossen werden muss.

NATÜRLICHE DECKEN

Im Garten fällt jede Menge Mulchmaterial an, vom Rasenschnitt über Gemüseabfälle und Kompost bis hin zu Laub und Holzhäcksel. Auch Stroh eignet sich, das hat man aber nicht einfach im Garten. Beim Bauern um die Ecke oder im Kleintierfachmarkt können Sie sich aber bestimmt etwas besorgen.

Liegt im Frühjahr noch etwas Mulch oder abgestorbenes Pflanzenmaterial von *Phacelia* oder Senf auf den Beeten, sollten sie die Schicht eine Woche vor der Aussaat abräumen, damit der Boden abtrocknen und sich erwärmen kann. Mit dem Mulchen im Gemüsebeet beginnen Sie am besten, wenn die Pflanzen etwa 10 cm hoch sind. Samentragende Pflanzen oder mit Krankheiten oder Schädlingen behaftetes organisches Material dürfen nicht als Mulch verwendet werden.

- Grasschnitt fällt in den meisten Gärten an und kann zwischen allen Gemüsearten liegen. Bevor er dünn zwischen den Pflanzen verteilt wird, lässt man ihn einige Tage antrocknen, damit Samen ausfallen und nicht später auf dem Beet keimen. Wird er zu dick ausgebracht, sammeln sich Schnecken darunter, darauf müssen Sie ein Auge haben.

- Brennnesseln sollten Sie im Garten unbedingt reichlich zur Verfügung haben. Die Blätter sind ein ausgesprochen hochwertiges Mulchmaterial und können vom Frühjahr bis in den Herbst geschnitten werden. Regenwürmer stehen auf Brennnesseln und finden sich schnell im Beet ein – zum Wohl der Humusqualität.

- Gemüseblätter fallen vielleicht nicht zuhauf an. Werden sie bei der Gemüseernte abgeschnitten oder zwischendurch mal abgezupft, dann schneidet man sie gleich an Ort und Stelle klein und verteilt sie auf dem Boden. Wenn Sie Tomatenblätter zwischen Kohlpflanzen legen, reduziert das übrigens den Befall mit Kohlweißlingraupen.

- Strohiges und holziges Material ist eine gute Abdeckung, beispielsweise zwischen Kürbissen und Zucchini. So wird der Boden geschützt und die Früchte werden nicht so schmutzig. Um das Material zu zerkleinern und umzuwandeln brauchen Mikroorganismen aber zusätzlich Stickstoff. Das müssen Sie beim Ausbringen einer Strohdecke bedenken. Also die Pflanzen etwas mehr düngen und dann Stroh oder holziges Material auslegen. Wenn alles verrottet ist, werden die zusätzlich gedüngten Nährstoffe dann wieder frei.

- Im Gemüsegarten wachsen immer auch Kräuter. Nicht immer werden alle Blätter und Triebe für die Küche gebraucht, Kräutern, vor allem solchen, die verholzen, tut es aber gut, wenn sie regelmäßig geschnitten werden. Das Schnittgut streuen Sie einfach zwischen Gemüsepflanzen aus.

- Auch Laub, das im Herbst anfällt, ist ein gutes Kompostmaterial. Für offene Beete ist es aber nicht nicht so gut geeignet, weil es einfach schnell davonfliegt. Sie können die Blätter aber klein häckseln und unter die Erde mischen.

- Eine tolle Mulchdecke liefern Gründüngungspflanzen (Seite 43). Sie bilden zunächst eine lebende Pflanzendecke, sterben dann durch Frosteinwirkung ab oder werden oberflächlich abgemäht und bleiben auf den Beeten als grüne Decke liegen.

- Sogar Papier und Pappe sind zum Mulchen geeignet. Bevor sie auf die Erde gelegt werden, feuchtet man sie an. Sie würden sonst wegfliegen.

Probieren Sie im Garten die verschiedenen Materialien aus und entscheiden Sie dann, was für Sie am besten umzusetzen ist.

Folien und Vliese

Natürliche Decken wie Gras und Blätter liefert der Garten ganz von selbst, Sie können den Boden aber auch mithilfe von Folien oder Vlies mulchen.

Angeboten werden schwarze Mulchfolien und -vliese und sogenanntes Bändchengewebe aus Kunststoff. Diese Produkte sind sämtlich wasserdurchlässig, wenn sie mit Bedacht ausgelegt werden, kann man solche aus Polyethylen auch mehrere Jahre lang verwenden.

Der Umwelt zuliebe sollten Sie beim Kauf aber eher auf abbaubare Materialien achten. Die meisten Folien sind aus dem Kunststoff Polyethylen, einem Erdölprodukt, und nicht unbedingt sehr nachhaltig. Biologisch abbaubare Materialien bestehen beispielsweise aus Maisstärke, Milchsäure oder Zellulose.

Bei den Vliesen gibt es eine etwas größere Auswahl, wenn es um die biologische Abbaubarkeit geht. Es werden auch Matten aus Schafwolle oder Hanf angeboten. Schauen Sie auf die Dicke des Materials und wählen Sie für den Gemüsegarten flachere Produkte aus, die sich leicht auslegen lassen.

Besonders wirkungsvoll sind schwarze Folien und Vliese. Sie erwärmen sich im Frühjahr nämlich besonders schnell. Für wärmeliebendes Gemüse wie Paprika und Zucchini sind diese Materialien deshalb gut geeignet. Außerdem werden viele Unkräuter in ihrem Wachstum unterdrückt.

Wiesenschnitt gerollt: Längerer Gras- oder Wiesenschnitt wird zu Würsten geformt und beispielsweise zwischen Tomaten gelegt.

So wird's gemacht

Bevor eine Mulchdecke ausgelegt wird, lockert man die Erde oberflächlich mit der Hacke. Dadurch bleibt die Feuchtigkeit im Boden. Frisches Material wie Gras, Gemüseblätter und Kräuter zerkleinert man dann und legt alles dünn aus. Damit die Bodenlebewesen das Material nach und nach zersetzen können, wird Sauerstoff benötigt. Ist die Mulchdecke zu dick, schimmelt es darunter. Legen Sie frischen Mulch immer wieder nach.

Auf frisch gesäten Flächen darf das Mulchmaterial nicht komplett ausgelegt werden, das würde nämlich die Keimung unterdrücken. Warten Sie erst, bis sich die Pflänzchen gut entwickeln, dann wird drumherum und zwischen den Reihen gemulcht.

Bei eher trockenen Böden oder in Trockenphasen im Sommer sind sogenannte Mulchwürste eine tolle Möglichkeit, um Feuchtigkeit im Boden zu halten. Längerer Gras- oder Wiesenschnitt wird dazu zu festen Würsten zusammengewickelt und zwischen die Reihen gelegt. In feuchten Gärten locken sie dagegen Schnecken an.

Mulchvliese oder -folien bringen Sie am besten vor der Pflanzung von Gemüse aus, das viel Platz benötigt und eine lange Kulturdauer hat. Kürbisse pflanzt man beispielsweise mit einem Abstand von mindestens 1 m zu den Beetnachbarn. Bevor sie ausgewachsen sind, ist da noch viel Platz auf dem Beet und der Boden unbedeckt. Breiten Sie Folie oder Vlies aus – vorher messen und zurechtschneiden! – und beschweren Sie das Material dann an den Seiten mit Steinen. Anschließend werden kreuzförmig im richtigen Abstand Schlitze eingeschnitten und die Pflanzen dort hineingesetzt.

Special TERRA PRETA

Kompost, Boden, Erde – im naturnahen Garten und in der Permakultur sind das wichtige Ausgangselemente für gesundes Wachstum. Als ganz besonders fruchtbare Erde ist seit einigen Jahren Terra Preta bekannt, die „Schwarze Erde“. Dabei handelt es sich um einen fruchtbaren, tiefschwarzen Boden, der in manchen Regionen im Amazonasbecken vorkommt – also dort, wo der Boden eigentlich von sich aus karg und nährstoffarm ist.

Als sich Forscher intensiver mit dem Phänomen beschäftigten, stellten sie fest, dass die Ureinwohner früher den Boden mit einem kompostierten oder fermentierten Gemisch anreicherten, das aus Pflanzenresten, Küchenabfällen, Knochen, Dung und menschlichen Fäkalien bestand und Pflanzen- und Holzkohle enthielt. So entstand über die Jahrhunderte eine überaus fruchtbare Erde, die vor allem durch die enthaltene Holzkohle so wertvoll ist. Aufgrund der porösen Struktur können Wasser und Mineralstoffe gut gespeichert werden, sie macht gleichzeitig den Boden durchlässig und stabil. Es wurde festgestellt, dass Terra Preta einen Humusanteil von

Terra Preta kann sehr viel Wasser und Nährstoffe speichern – ideal für sandige und trockene Böden.

über 10 % hat und sehr viele Nährstoffe enthält.

ERDE FÜR DEN GARTEN

Was Terra Preta so besonders macht, ist die Pflanzenkohle. Die Ureinwohner im Amazonasbecken haben sie durch kontrollierte Brandrodungen produziert. Die zerkleinerte Kohle ist ziemlich porös und wirkt ein bisschen wie ein Schwamm. Sie kann sehr viel mehr Wasser aufnehmen und speichern als „normale" Erde, das Wasser wird bei Trockenheit aber auch leicht wieder abgegeben. Mit dem Wasser werden zudem Nährstoffe gespeichert, die das Gemüse für Wachstum und Ertrag gut gebrauchen kann. Die Auswaschung ist bei Kohleerden deshalb auch kein Thema.

Der Fachhandel bietet mittlerweile eine Reihe von Terra-Preta-Produkten an. Originale Erde aus dem Amazonasgebiet darf aber nicht exportiert werden, auch wenn das mancher Verpackungstext gerne glauben lassen möchte. Holz und Holzschnitt, aber auch Stroh, Getreideschalen und Ähnliches, zum Teil auch Klärschlamm, werden bei der Herstellung von Terra Preta verwendet. Nicht immer kommen die Grundstoffe aus biologischer Herkunft, sie können mit Schadstoffen belastet sein. Wenn Sie Terra Preta Erde kaufen, achten Sie am besten auf das EBC-Siegel, das Europäische Pflanzenkohle-Zertifikat. Es steht für nachhaltige Produktion und Qualität.

SELBST HERSTELLEN

Terra Preta können Sie auch selbst herstellen – dann sind Sie auf der sicheren Seite, was Inhaltsstoffe und Herstellung, also die Nachhaltigkeit, angeht. Im Internet gibt es verschiedene Anleitungen, eines ist aber allen gemeinsam: Sie sollten keine Grillkohle verwenden, die häufig mit Schadstoffen belastet ist. Besser ist zertifizierte Pflanzenkohle, oder Sie stellen das Ausgangsprodukt von Terra Preta gleich selbst her.

Man braucht dazu eine Eisenwanne oder einen sogenannten Kon-Tiki-Ofen, der speziell für die Produktion von Pflanzenkohle gedacht ist, alternativ kann man auch eine Art Erd-Kon-Tiki bauen.

Für ein Erd-Kon-Tiki heben Sie eine 2 × 1 m große Erdgrube tief aus – sie sollte eine konische Form haben. In lehmigen oder tonigem Boden hält die Erdgrube am besten, sandige Erde ist nicht so gut geeignet, weil dann alles schnell wieder zugeschüttet wird. Als Rand setzen Sie Steine rund um die Grube.

Ob in Grube oder Eisenwanne, Pflanzenkohle entsteht durch Pyrolyse, also bei einer Verbrennung unter stark reduziertem Sauerstoffeinfluss. Um das zu erreichen, geben Sie in die Grube oder den Eisenbehälter Hölzer, Strauchschnitt und Ähnliches. Die Materialien werden an- bzw. abgebrannt und Hölzer nachgelegt. Als Abschluss deckt man das Ganze gut ab, um die Sauerstoffzufuhr so gut wie möglich zu reduzieren.

Ist die Pflanzenkohle dann gut ausgekühlt und bröselig, wird sie mit Urgesteinsmehl und Pferde- oder Rinderdung gemischt. Dann kommt zum Befeuchten Pflanzenjauche dazu, dann Kompost. Geben Sie die Mischung am besten in eine alte Tonne mit Deckel. Jetzt muss alles 4 – 6 Wochen fermentieren, dann haben Sie fertige Terra Preta.

Vor allem sandige, humusarme Böden profitieren von Terra Preta, in Trockenphasen können Sie etwas davon zwischen das Gemüse in die Erde einarbeiten.

Low-Water-Gemüse

BESTANDSAUFNAHME IM GARTEN

Welche Lage hat der Gemüsegarten und wie ist die Bodenbeschaffenheit? Gibt es da noch etwas zu verbessern? Lernen Sie den Garten richtig gut kennen, dann können Sie das passende Gemüse auswählen und auf eine gute Ernte hoffen.

Die Lage und die Sonne

Nicht jedes Gemüse gedeiht im Garten gut. Manche wollen einfach nicht wachsen und fruchten – kennen Sie das auch? Das kann beispielsweise am Wetter liegen oder an Schaderregern – Gründe dafür gibt es viele. Wenn Sie aber schon seit Jahren versuchen, Paprika oder Süßkartoffeln anzubauen und das Ergebnis ist gleichbleibend schlecht, dann kann es sein, dass der Standort einfach nicht passt.

Mein eigener Gemüsegarten liegt an einem Südhang, und auch wenn ich mich beispielsweise für Mangold echt ins Zeug lege – das Gemüse bleibt relativ klein und entwickelt keine starken Blattstiele. Mangold mag es eben eher etwas schattiger und kühler, genauso wie zum Beispiel Feldsalat und Spinat.

Für einen Gemüsegarten ist eine Süd-Ost-Ausrichtung optimal, vor allem dann, wenn Sie gerne wärmeliebende Gewächse wie Paprika, Auberginen & Co. anbauen, die auf sonnigen Standorten sehr gut gedeihen.

Selbst nach Nordost- oder Nordwest ausgerichtete Gemüsegärten, die nicht so optimal sind, können heutzutage punkten. Sie sind im Frühjahr immer noch etwas später, wenn es um frühes Gemüse geht, im Sommer knallt die Sonne aber nicht so auf die Beete, der Boden bleibt feuchter.

Lage und Lichtverhältnisse bestimmen also die Gemüseauswahl mit. Auf Saatguttüten ist meist aufgeführt, für welchen Standort sich das Gemüse eignet. Werfen Sie vor dem Kauf einen Blick darauf: Braucht das Gemüse einen vollsonnigen Standort, bedeutet das mindestens sechs Stunden Sonne, auch während der Mittagszeit. Im Halbschatten scheint die Sonne zwischen drei und sechs Stunden.

TIPP: WETTERAUFZEICHNUNGEN

Legen Sie für jedes Gartenjahr nicht nur einen Gemüseanbauplan an, machen Sie sich auch Notizen zum Wetter und dazu, wie sich das Gemüse entwickelt. So werden Sie bald die zuverlässigsten Arten für den Garten kennen. Natürlich kann man nicht im Voraus wissen, wie das Wetter sein wird. Meist lässt sich anhand solcher Aufzeichnungen aber ein Trend feststellen und es kristalllisiert sich heraus, welches Gemüse für Ihren Garten am besten geeignet ist.

Der Boden

Mindestens genauso wichtig wie die Lage der Gartenbeete beziehungsweise des Gartens ist der Boden. Im vorigen Kapitel konnten Sie dazu schon eine Menge lesen.

Es lohnt natürlich nicht, Gemüsesorten anzubauen, die unter den gegebenen Standortbedingungen nicht gut gedeihen werden. Besser setzen Sie auf Arten, die sich in Ihrem Garten wohlfühlen.

Auf schweren, tonigen Böden, wo die Erde nach einem Regen an den Stiefeln klebt, wachsen viele Gemüsearten, nur Salat hat es schwer, der fault recht oft. Und auch mit Wurzelgemüsen werden Sie möglicherweise nicht wirklich froh: Karotten werden beispielsweise beinig, weil die Wurzeln nicht tief genug in den verdichteten Boden eindringen können. Hier können Sorten mit runden Knollen eine Alternative sein.

Sie können dem Boden aber auch noch etwas Gutes tun und ihn mit etwas Sand und Kompostgaben auflockern.

Leichte, sandige Böden sind etwas für Wurzelgemüse, Kürbis, Zucchini, Winterzwiebel, Knoblauch und Paprika. Um die Erde bindiger zu machen, kann man regelmäßig Stein- oder Tonmehl einarbeiten.

Wenn sie „steinreich“ sind und sich die Steine in Ihrem Garten zu vermehren scheinen, dann ist das gar nicht so schlimm. Die Steinchen sind für den Boden eine gute Drainage. Nur Kartoffeln und Karotten haben zu kämpfen. Am besten die Steine immer wieder absammeln.

Ein sandig-lehmiger Boden mit gutem Humusanteil ist für Zwiebeln, Sellerie und Mangold optimal.

KLIMAWANDEL-GEMÜSE

Trockenheit und Hitze haben in den letzten Jahren einen Großteil der Gartensaison bestimmt, und das wird wohl auch so bleiben. Aber auch in diesen Zeiten macht Gemüsegärtnern Spaß, wir müssen nur hier und da ein wenig umdenken.

Probleme und Lösungen

Schönreden hilft nicht: Die Hitzeperioden sind gerade auch für den Gemüsegarten eine Herausforderung. Im Frühjahr geht Gesätes nicht auf, verschiedene Schädlinge und Krankheiten machen dem Gemüse das Leben schwer (Seite 114), Bohnen-, Paprika- und Zucchini-Pflanzen stoßen junge Früchte ab, manches Gemüse – beispielsweise der Fenchel – bildet gar keine Früchte.

Aber im Garten gibt es ja bekanntlich immer eine Lösung, so wie im Leben meist auch. Zunächst soll aber noch einmal kurz der Boden in den Fokus rücken samt dem so wichtigen Humusgehalt (Seite 37). Dieser ist vor allem bei Trockenheit ein Garant für gutes Wachstum. Bei steigenden Temperaturen wird die Humusschicht aber schneller als normalerweise abgebaut – dem sollten wir im Garten unbedingt entgegenwirken (Seite 35).

Trockenheit hat viele Facetten: Regnet es im Frühjahr zu wenig, dann geht so manche Saat erst gar nicht auf und alle Mühe und die Kosten für das Saatgut waren umsonst. Ich pflanze mittlerweile mehr Gemüse aus und säe nicht mehr so viel. Die Jungpflanzen haben im Frühjahr einfach einen besseren Start und können Wärme und Trockenheit besser verkraften als Keimlinge.

Leider habe ich keine guten Möglichkeiten für eine Anzucht im Haus, sodass ich Lauch-, Frühlingszwiebeln und mehr als Jungpflanzen beim Gärtner in der Nähe kaufe. Aber das geht nicht immer: Bei verschiedenen Gemüsearten, die unter Trockenheit leiden, die ich aber trotzdem gerne anbaue, greife ich zu trockenheitstoleranteren Sorten, beispielsweise zur Zucchini 'Zapallito'. Beim Gärtner bekomme ich die als Pflanze aber meist nicht, deshalb

Lauch wird in tiefe Saatrillen gesetzt und dann angehäufelt. Er übersteht Trockenheit gut.

bestelle ich sie im Online-Fachhandel und übernehme die Voranzucht selbst.

In Trockenzeiten haben vor allem Pflanzen mit kurzer Vegetationsdauer Probleme: Radieschen und Salat entwickeln sich schlecht, schießen bald oder werden pelzig. Nicht nur der Wassermangel ist daran schuld, sondern auch die Hitze – es gibt einen Unterschied zwischen Trockenheits- und Hitzetoleranz. Wenn die Sonne so richtig auf die Beete „brennt", dann nützt die beste Wasserversorgung nichts. Die Blätter kräuseln sich und die Pflanze ist nicht mehr in der Lage, in ausreichendem Tempo das über die Blattmasse verdunstete Wasser nachzuliefern. Für Arten mit längerer Vegetationsperiode, für Tiefwurzler und dauerhaftes Gemüse ist es einfacher, die Hitze zu überstehen, als für schnell wachsendes Gemüse. Kultivieren Sie letztere Gemüsesorten doch besser im Blumenkasten oder -topf. Bei großer Hitze können Sie solche Gefäße einfach mal schnell in den Schatten stellen, auch gießen lassen sie sich so besser.

Um die Sommertrockenheit auszutricksen, können Sie übrigens auch auf Kulturen setzen, die zwar im Sommer reif werden, den höchsten Wasserbedarf aber in Mai und Juni haben. Puffbohnen gehören dazu, Erbsen und viel Frühgemüse.

ALLES VERWERTEN

Vielleicht hilft es auch, ein bisschen dankbarer zu werden für das, was wir ernten dürfen. Wenn Radieschen, Kohlrabi oder Rote Bete nicht so groß werden, ist das gar nicht schlimm, je kleiner die Knollen, umso intensiver der Geschmack.

Und wenn sich partout keine Knollen bilden wollen, dann verwenden Sie zumindest die Blätter. Die sind kleingehackt ein leckeres Topping für Salate und Suppen, das Radieschengrün gibt ein tolles Pesto.

Tief wurzelnde Gemüse

TIEFWURZLER
Kürbis
Lauch
Mais (bildet tiefe und flache Wurzeln)
Pastinake
Wurzelpetersilie
Zucchini
MITTELTIEFWURZLER
Asiasalate
Gartenbohne
Grünkohl
Kohlrabi
Speiserübe

TIEFE BODENSCHICHTEN NUTZEN

Besonders gut kommen tiefwurzelnde Pflanzen mit langer Vegetationszeit durch Trockenphasen. Pastinaken und Wurzelpetersilie entwickeln lange Rübenkörper und dringen damit in tiefe Bodenschichten vor, wo noch Wasservorräte gespeichert sein können. Sie werden schon Ende März ins Freiland gesät und können den ganzen Herbst und Winter nach Bedarf geerntet werden. Während großer Hitzewellen machen die Blätter zwar auch mal schlapp, sobald es wieder kühler wird, richten sie sich aber wieder auf.

Auch Mitteltiefwurzler wie Speiserübe und Gartenbohne kommen noch ganz gut zurecht, die Bohne braucht allerdings zur Blütezeit genügend Wasser, sonst wird die Ernte mickrig ausfallen. Meist kommt in einer Zeit des Wassermangels auch noch ein Befall mit der Schwarzen Bohnenlaus dazu.

Ausprobieren ist angesagt

Es macht schon Freude, das Ausprobieren von neuen Arten und Sorten im Garten, das Umdenken hin zu neuen Anbaumethoden. Nicht alles bringt die gewünschten Ergebnisse, aber wenn wir uns auf die neue Situation einstellen, dann wird es immer häufiger Erfolge geben. Gemüse aus dem eigenen Garten ist immer noch etwas Besonderes, es schmeckt viel besser als das aus dem Supermarkt und zudem tun wir Gärtnerinnen und Gärtner mit unserer Arbeit etwas für die Umwelt.

Die Züchter von Gemüse stellen sich seit Jahren auf den Klimawandel ein und bringen Sorten auf den Markt, die Sie unbedingt testen sollten. Aber auch alte Arten und Sorten können bei Trockenheit überzeugen. Viele sind robuster und anspruchsloser als so manche neue Züchtung, die mit hohen Erträgen aufwartet.

Die Rote Bete Sorte 'Bernstein' ist beispielsweise eine alte Landsorte und besonders für trockene Lagen geeignet. 'Aromata' ist eine alte Pastinakensorte, die unter Trockenheit nicht sonderlich leidet und trotzdem gute Erträge liefert.

Unbedingt ausprobieren sollten Sie dauerhaftes Gemüse, die sogenannten Permaveggies. Das sind alte Gemüsearten, die von ertragreicheren Züchtungen abgelöst wurden, jetzt aber wieder an Aktualität gewinnen.

Topinambur, Winterheckenzwiebeln und Spargel kennen Sie bestimmt, aber auch Ewiger Kohl und Haferwurzel, Baumspinat und Silene sind Gemüse, die in Zeiten des Klimawandels wieder Einzug in unsere Gärten halten sollten. Als Stauden bleiben sie einige Jahre an einem Platz. Viele Permaveggies ertragen Trockenheit deshalb besser als einjährig kultiviertes Gemüse.

KLEINE FRÜCHTE

Bei Gemüse, das Sie unbedingt anbauen möchten, das aber in Trockenzeiten gar nicht so gut zurechtkommt, sollten Sie nach kleinfruchtigen Sorten Ausschau halten – sie haben einen geringeren Wasserbedarf und die Früchte schmecken meist aromatischer als die großen.

Mini-Auberginen haben das Zeug zum Star in Ihrem Garten. Sie überstehen Trockenheit ganz gut.

Frei gewordene Beete können Sie mit *Phacelia* oder *Tagetes* einsäen. Die Insekten und der Boden werden es Ihnen danken.

NEUE WEGE

Weil es in meinem Garten in den letzten Jahren oft sehr trocken war, habe ich neue Wege beschritten – mit Erfolg. Ich pflanze beispielsweise das vermeintliche Frühjahrsgemüse im Herbst, bin anstelle der Pflück- und Kopfsalate auf Asiasalate umgeschwenkt und setze auf Wurzelgemüse.

Arten, die bis ins Frühjahr hinein auf dem Beet bleiben können und – wie Asiasalate, Pastinake und Braunkohl – nach Bedarf in die Küche kommen, werden im März vollständig abgeerntet, der Boden dann gelockert und mit Kompost versorgt. Ende März wird so ein Beet dann glattgerecht und darauf eine einjährige Blumenwiesenmischung oder Gründüngungspflanzen wie *Phacelia* und *Serradella* oder nur Ringelblumen ausgesät. Bis Mitte/Ende August können die Pflanzen wachsen und gedeihen und um die Wette blühen.

Anschließend wird abgemäht. Das Pflanzenmaterial nehme ich vom Beet und lasse es erstmal antrocknen, damit der Samen nicht auf dem Beet ausfällt und dann wieder keimt. Auf die abgemähte Fläche kommt nach einer oberflächlichen Bodenbearbeitung Kohlrabi und Rote Bete. Das angetrocknete Schnittgut breite ich zwischen den Pflanzen aus. Alternativ wird erst später – Ende August – gemäht und anschließend Feldsalat oder Winterportulak gesät.

Der eine oder andere Blumensamen geht dann im nächsten Jahr trotzdem auf und darf an Ort und Stelle blühen.

Jahresplan Gemüsegarten

Die Liebgewonnenen

ART/SORTE	AUSSAAT	PFLANZUNG	ERNTE	BESONDERHEITEN
Asiasalate, z. B. Mizuna, Tatsoi, Amchoi, 'Red Giant', Salatchrysantheme	September/Oktober	Ende August/ September	Ab November bis April	Im Winter mit Folientunnel abdecken
Braunkohl/Grünkohl (*Brassica oleracea*)		Juli (mit Voranzucht im Mai)	Ab Oktober bis in den Winter hinein	'Altmärker Braunkohl' ist sehr robust und trockenheitstolerant
Buschbohnen (*Phaseolus vugaris*)	Anfang Mai bis Juli	Mitte Mai bis Ende Juli	Ab Mitte Juli bis September/Oktober	'Saguigno2' ist eine trockenheitstolerante Sorte; frühe Aussaaten bei Kälte abdecken
Mais (*Zea mays*)	Ende April/Anfang Mai	Mitte Mai	Ab Anfang August in der Milchreife	'Golden Bantam' ist eine samenfeste, gentechnikfreie Sorte und gut trockenheitstolerant
Kartoffeln (*Solanum tuberosum*)	Ab Mitte Mai werden die Knollen gelegt		September/Oktober	Die Sorte 'Cara' ist trockenheitstolerant; vorgekeimte Knollen verwenden
Knoblauch (*Allium sativum*)	Steckzwiebeln von Winterknoblauch: September bis Anfang Oktober; Steckzwiebeln Sommerknoblauch im März		Winterknoblauch Anfang Juli; Sommerknoblauch Ende Juli	'Thermidrome' ist eine trockenheitstolerante Wintersorte; Sommerknoblauch nur in nicht zu trockenen Regionen stecken
Kohlrabi (*Brassica oleracea* var. *gongylodes*)		Ende März/Anfang April oder Ende August	Juni bis November	Wenn es kalt wird mit Schutzvlies oder Folientunnel abdecken
Kürbis (*Cucurbita* sp.)	Anfang/Mitte Mai	Mitte Mai	September Oktober	'Custard White' und 'Zaphito' sind trockenheitsverträglich; die Pflanzen nach dem Setzen mulchen
Paprika (*Capsicum annuum*)		Mitte Mai	Ende August	Kleinfrüchtige Sorten anbauen, anbinden
Pastinake (*Pastinaca sativa*)	April bis Anfang Juni		Oktober bis Februar/ März	
Rote Bete (*Beta vulgaris* subsp. *vulgaris*)	Anfang April bis Juni	April oder Juli Babybeets, wie 'Pablo' oder 'Boldor' im August	Juli bis Oktober/ November	Bei Kälte abdecken
Stangenbohnen (*Phaseolus vugaris*)	Anfang Mai bis Juli	Mitte Mai bis Ende Juli	Grüne Hülsen ab Ende Juli, Trockenbohnen ab September/Oktober	Vor der Aussaat oder Pflanzung Stangen stecken; sie ranken linksherum, also gegen den Uhrzeigersinn, beim Anleiten bitte bedenken

ART/SORTE	AUSSAAT	PFLANZUNG	ERNTE	BESONDERHEITEN
Tomaten (*Solanum lycopersicum*)		Mitte Mai	Anfang August bis Oktober	Im Freiland kleinfrüchtige Sorten anbauen, sie sind trockenheitsverträglicher 'Golden Currant'
Winterportulak (*Claytonia perfoliata*)	August/September		November bis März	Das feine Saatgut mit Sand mischen
Wurzelpetersilie (*Petroselinum crispum var. tuberosum*)	März/April		September/Oktober	Keimt langsam, zur Reihenmarkierung mit Radieschen mischen
Zucchini (*Cucurbita pepo*)	Anfang/Mitte Mai	Mitte Mai	Juni bis Oktober	'Rondo' ist trockenheitsverträglich; nach dem Pflanzen mulchen
Zwiebel (Allium cepa)	Winterteckzwiebeln im September/ Oktober; Sommersteckzwiebeln: Ende März/Anfang April		Wintersteckzwiebeln im Juni; Sommersteckzwiebeln im Juli/ September	

Kohlgemüse, wie z.B. Weiß- und Rotkohl haben eine relativ hohe Trockenheitstoleranz. Im Hochbeet wachsen sie besonders gut.

Die Dauerhaften

ART/SORTE	AUSSAAT	PFLANZUNG	ERNTE	BESONDERHEITEN
Baumspinat, Wilder Buchweizen (*Fagopyrum cymosum*)		Stauden werden im Herbst oder Frühjahr gepflanzt	April bis Oktober	Hohe Pflanzen am besten anbinden; zieht im Winter ein
Echter Erdbeerspinat (*Chenopodium foliosum*)	März bis August		Ab Mai (6 Wochen nach Aussaat)	Samt sich immer wieder selber aus
Etagenzwiebel (*Allium cepa* var. *proliferum*)	Zwiebeln im März/ April setzen		April bis November	Brutzwiebeln und Blätter können geerntet werden
Ewiger Kohl (*Brassica oleracea* var. *ramosa*)		Stauden werden im Herbst oder Frühjahr gepflanzt	Ganzjährig, außer bei Frost	Breitet sich durch Absenker langsam aus
Kanten-Lauch (*Allium angulosum*)		Stauden werden im Herbst oder Frühjahr gepflanzt	Anfang April bis September	Nicht alle Blätter ernten, damit sich die Pflanze wieder erholen kann
Kardy (*Cyanara cardunculus*)		Mitte Mai	September/Oktober	Die Blätter im September ggf. zum Bleichen zusammenbinden
Malven: Wilde Malve (*Malva sylvestris*), Moschus-Malve (*Malva moschata*), Gemüse-Malve (*Malva verticillata*)		Stauden werden im Herbst oder Frühjahr gepflanzt	April bis Oktober	Gemüse-Malve ist einjährig aber sehr ertragreich
Nachtkerze (*Oenothera biennis*)		Stauden werden im Herbst oder Frühjahr gepflanzt	Im 1. Jahr im September/Oktober die Wurzeln, Blätter Mai bis September	Zweijährig, samt sich aber gut aus
Topinambur (*Heliantus tuberosus*)	Knollen im März/ April oder im Oktober setzen		Oktober bis Februar	Breitet sich gerne aus, eventuell mit Wurzelsperre pflanzen
Winterhecken-zwiebel (*Allium fistulosum*)	März bis Mai	Stauden werden im Herbst oder Frühjahr gepflanzt	April bis September/ Oktober	Nach ein paar Jahren die Stauden teilen

Die Exoten

ART/SORTE	AUSSAAT	PFLANZUNG	ERNTE	BESONDERHEITEN
Artischocke (*Cyanara solymus*)		Mitte Mai	Ende August/ September	Die Pflanzen gut mulchen
Auberginen (*Solanum melongena*)		Mitte Mai	Ab Ende Juli	Kleinfrüchtige Sorten verwenden, die nicht so einen hohen Wasserbedarf haben, z. B. 'Kaberi'
Kichererbsen (*Cicer arietinum*)		Mitte Mai mit Voranzucht Anfang April	Ende Juli/August	Sehr trockenheitstolerant
Kiwanos (*Cucumis metuliferus*)		Mitte Mai mit Voranzucht Ende März/ Anfang April	September/Oktober	Kiwanos brauchen ein Rankgerüst; vor dem Verzehr mehrere Wochen lagern
Mexikanische Minigurke (*Melothria scabra*)		Mitte Mai mit Voranzucht Ende März/ Anfang April	September/Oktober	Mexikanische Minigurken brauchen ein Rankgerüst

Wildgemüse

ART/SORTE	AUSSAAT	PFLANZUNG	ERNTE	BESONDERHEITEN
Glockenblumen (*Campanula* sp.)		Stauden werden im Herbst oder Frühjahr gepflanzt	April bis September/ Oktober	Geerntet werden Blätter und Blüten
Guter Heinrich (*Chenopodium bonus-henricus*)		Stauden werden im Herbst oder Frühjahr gepflanzt	April bis September/ Oktober	Geerntet werden Blätter
Kohldistel (*Cirsium oleraceum*)		Stauden werden im Herbst oder Frühjahr gepflanzt	April bis Juni, vor der Blüte	Geerntet werden die jungen Blätter und Stängel
Taubenkropf-Leimkraut (*Silene vulgaris*)		Stauden werden im Herbst oder Frühjahr gepflanzt	März bis September/Oktober	Geerntet werden hauptsächlich die Blätter und jungen Triebe
Wilde Pastinake (*Pastinaca sativa* subsp. *sativa*)		Stauden werden im Herbst oder Frühjahr gepflanzt	Geerntet werden die Wurzeln bevor die Blütenstängel austreiben	

DIE LIEBGEWONNENEN

Jeder hat sein Lieblingsgemüse, vor allem die Klassiker sind beliebt. Darunter gibt es etliche, die auch Trockenheit gut überstehen. Falls sie schwächeln, setzen Sie auf trockenheitstolerante Sorten oder etwas abgewandelte Anbauzeiten.

So kann es gelingen

Im Gemüsegarten wird vor allem angebaut, was einem selbst und der Familie am besten schmeckt und was sich unter den gegebenen Bedingungen – also Gartenlage, Licht und Bodenverhältnisse – bewährt hat.

Welches Gemüse auch immer Sie gerne anbauen möchten, es ist nach wie vor wichtig, auf seine Ansprüche Rücksicht zu nehmen.

Die eine Art braucht mehr Dünger, die andere weniger. Für einen guten Start können Sie beim Pflanzen aber immer eine Handvoll gesiebten reifen Kompost ins Pflanzloch geben, angießen und dann das Gemüse setzen. Und wenn Sie in die Saatrillen ein wenig Steinmehl streuen, hilft das ebenfalls beim Wachsen.

Sein Lieblingsgemüse kennt ein Gärtner ziemlich gut. Trotzdem der Hinweis: Vergessen Sie nicht, dass manches Gemüse, wie Lauch und viele Kohlarten, tief gepflanzt werden sollte, während Salate und Zwiebeln besser etwas aus der Erde schauen, also hoch gesetzt werden.

Gute Bedingungen zum Auspflanzen bietet ein Tag mit bedecktem Himmel, niemals sollte an heißen Tagen gepflanzt werden; am besten ist die Erde etwas feucht.

Mitunter wird ins Beet ausgesät, dann werden zu dicht stehende Jungpflänzchen entnommen und in die nächste Reihe gesetzt, damit auch nichts verloren geht. Das ist in trockenen, heißen Zeiten meist nicht so günstig, denn das Umpflanzen im Beet bedeutet für die Pflanzen puren Stress. Besser zieht man einzelne Keimlinge, die zu dicht stehen, aus der Erde und lässt sie einfach auf dem Boden liegen.

Wer aussät, kann auf den Samentütchen nochmal nachlesen, wie weit die Abstände zwischen den Pflanzen sein sollten. Wird ausgepflanzt, sollten Sie die Maße für den Abstand der Pflanzen zueinander und zwischen den Reihen parat haben oder schnell nachlesen. In einem Garten-Tagebuch können Sie solche nützlichen Infos notieren und auch festhalten, wie das Gemüse sich entwickelt hat. Vielleicht war der Abstand dann zu groß oder doch zu klein, dann können Sie das im Folgejahr ganz leicht korrigieren.

Behalten Sie das Gemüse im Blick und kontrollieren Sie regelmäßig die Blätter, Triebe und Blüten. So können Sie beim Befall mit Schaderregern schnell handeln, eventuell stark befallene Pflanzen entfernen oder den Befall mithilfe von Pflanzenstärkungsmitteln eindämmen.

Asiasalate

Beim Stichwort „Salat“ kommen Ihnen bestimmt zuerst Kopf- und Pflücksalat in den Sinn, vielleicht auch Eisbergsalat. Die Gruppe der Gartensalate mit nutzbaren Blättern ist aber viel größer als man denkt. Die klassischen Salatpflanzen mit ihrer kurzen Vegetationsdauer haben Probleme mit Trockenstress. Sie machen dann beispielsweise schnell schlapp und erholen sich nur schlecht wieder.

Da lohnt es sich, nach Alternativen zu schauen, beispielsweise auf die große Gruppe der Asiasalate, die sämtlich mit dem Kohl verwandt sind. In Südostasien werden sie schon lange als Nutzpflanzen angebaut, aber auch bei uns werden Pak Choi, Mizuna & Co. mittlerweile populär. Chinakohl, der auch dazugehört, ist bereits seit Mitte des letzten Jahrhundters bekannt.

In asiatischen Ländern werden die Salate nicht roh gegessen, sondern immer leicht gekocht. Beides ist aber möglich, die Verwendung in Salaten und als Gemüse. Eine zusätzliche Verwendungsmöglichkeit also – das ist ein Gewinn.

Im letzten Jahr habe ich im September eine Mischung aus Mizuna, Tatsoi und Blattsenf gepflanzt und dem Beet im Dezember einen Folientunnel übergestülpt. Die Pflanzen haben sogar Fröste bis –15 °C überstanden und sich bis zum März prächtig entwickelt. Ich habe den Winter über etwas geerntet, den Rest Ende März.

Es gibt recht unterschiedliche Asiasalate, von Pak Choi (Senfkohl) bis Tatsoi (Rosetten-Pak-Choi), von Mizuna (Salatkohl) bis ‘Red Giant’, Amchoi & Co. (Blattsenf), alle in verschiedenen Sorten. Auch die Salatchrysantheme (*Glebionis coronaria*) zählt dazu, von der selbst die Blüten essbar sind. Die Aussaat oder Pflanzung ist meist von April bis September/Oktober möglich. Ich habe mich auf die Spätsommer-/Frühherbstpflanzung festgelegt und bin bisher nicht enttäuscht worden.

Pak Choi bildet ein kompaktes Köpfchen aus Blättern mit fleischigen weißen oder grünen Blattstielen. Im April beginnen die Pflanzen zu blühen, sie können aber auch noch im Knospenstadium geerntet werden.

Tatsoi bildet tellerartige Rosetten aus saftig grünen, dunklen Blättern. Im jungen Zustand geerntet ist sein Geschmack schön mild, ältere Blätter gart man am besten kurz im Wok.

Der Japanische Salatkohl (Mizuna) ist allein schon wegen seiner Erscheinung ein Muss im Gemüsegarten. Er entwickelt weiße Blattstiele und fein geschlitzte Blätter.

1 Die Pak-Choi-Blätter sind schön knackig und haben einen milden Kohlgeschmack.

2 Bei Asiasalatmischungen haben Sie von allem etwas.

3 Tatsoi kann man als Ganzes schneiden und dünsten oder wie Spinat zubereiten.

Bohnen

Buschbohnen (*Phaseolus vulgaris*) sind Dauergäste in meinem Garten und ich hoffe, das kann so bleiben. In den letzten Jahren war der Ertrag eher mäßig, im ganz heißen Sommer 2018 sind die Hülsen einfach vertrocknet. Wenn die Temperatur nämlich erst einmal über 30 °C ansteigt, dann klappt das bei Bohnen mit dem Blüten- und Fruchtansatz nicht mehr so gut. Während dieser Zeit brauchen die Pflanzen auch mehr Wasser. Eine neu entdeckte Sorte, die 'Sanguigno2', verspricht Besserung, denn sie ist sehr robust und trockenheitstolerant, neigt aber ein wenig zur Rankenbildung. Das stört jedoch nicht.

Empfehlenswert sind außerdem die Sorten 'Helios' und 'Marona', 'Maxi' ist frühreifend und auch eine gute Bohnensorte, ebenso die alte Sorte 'Saxa', die auch in raueren Lagen ausgezeichnete Erträge bringt.

Bohnen kommen mit fast allen guten Gartenböden zurecht, eine reichlich durchlüftete Erde lässt sie besonders stark wachsen. Sie sind kälteempfindlich, deshalb ist eine Aussaat erst im Mai möglich. Ich lege Bohnen meist Anfang Mai in Horsten von 4–5 Samen etwa 2–3 cm tief in die Erde. Bohnen wollen die Glocken läuten hören, heißt es; also nicht so tief legen. 60 cm Abstand in der Reihe und 25 cm zwischen den Reihen haben sich bewährt. Wenn die Eisheiligen durch sind, spitzen dann auch die Pflänzchen aus der Erde, sie keimen allerdings erst, wenn es mindestens 8 °C warm ist, optimal sind ca. 20–22 °C. Je höher die Bodentemperatur, umso schneller keimen die Samen.

In zunehmend trockenen Frühjahren lohnt es sich, Bohnen vorzuziehen und sie dann Mitte Mai gleich zu pflanzen. Bis Mitte Juli können Sie in Sätzen säen oder auch pflanzen und dann bis in den September hinein ernten. Wenn es im Sommer sehr heiß ist, gelingt der Anbau aber nicht immer. Besser ist es, das Frühjahr zu nutzen.

Was die Bodenansprüche angeht, haben Busch- und Stangenbohnen ähnliche Bedürfnisse. Sie werden in Horstsaat gelegt, allerdings um zuvor gesteckte Stangen, damit sie sich daran hochranken können. Stangenbohnen brauchen ausreichend Wasser, ein gemulchter Boden schützt vor der Austrocknung. Ein etwas geschützter Platz zahlt sich bei der zunehmenden Sturmgefahr aus; starker Wind lässt nämlich schon mal den ganzen Aufbau zusammenbrechen. Die Sorte 'Herrenböhnli' macht sich gut bei Trockenheit.

1 Bohnen sammeln Luftstickstoff. Düngen Sie zusätzliche mit 2 l Kompost/m².

2 Stangenbohnenblüte.

Mais

Eine tolle Mischkultur: Mais, Bohnen und Kürbis sind wie geschaffen füreinander.

Eine klassische Nutzgartenpflanze ist der Mais (*Zea mays*) nicht, Sie sollten den Anbau aber unbedingt in Erwägung ziehen, denn Mais ist etwas Besonderes. Die Pflanze zählt zu den sogenannten C4-Pflanzen, die an trockenen Standorten gut gedeihen. Die meisten anderen Gewächse im Garten sind C3-Pflanzen, die die Spaltöffnungen in den Blättern bei hohen Temperaturen schließen, um Wasserverluste zu reduzieren. Dadurch wird allerdings die Aufnahme von Kohlendioxid für die Photosynthese erschwert. C4-Pflanzen machen das nicht, sie binden auch bei hohen Temperaturen Kohlendioxid – so können sie selbst bei Hitze und Trockenheit gut wachsen und reifen.

Wagen Sie den Anbau mit Süßmais, zum Beispiel der Sorte 'Golden Bantam'. Ende April/Anfang Mai wird 1–3 cm tief und im Abstand 40 × 40 cm ausgesät, im Mai ausgepflanzt. Für eine gute Befruchtung sollten Sie drei Reihen anlegen. Mais ist eine Hackfrucht, also regelmäßig zur Hacke greifen und während der Blüte öfter mal gießen. Wenn die Körner ab August milchig werden, ist Erntzeit.

Kartoffeln

Für Kartoffeln (*Solanum tuberosum*) sollten sie ein paar Reihen frei machen – vorausgesetzt, der Boden ist schön locker.

Kartoffeln bleiben lange auf dem Beet, sie können auch Trockenzeiten recht gut überstehen. Allerdings brauchen sie während der Blüte ausreichend Wasser, sonst fällt die Ernte schlechter aus, die Knollen bleiben klein.

Die Ernte hängt aber auch von der richtigen Sortenwahl ab. Ich habe einen Versuch mit 'Cara' gestartet, sie kommt erstaunlich gut mit Trockenheit zurecht und ist ziemlich robust. Je nach Reifezeit benötigen Kartoffeln zwischen 90 und 160 Tagen bis zur Ernte. Späte Sorten lassen sich gut einlagern. Vorgekeimte Knollen werden ab Mitte Mai in abgetrocknete Beete in 4–8 cm tiefe Löcher mit Abständen von ca. 50 cm zwischen den Reihen und 30–40 cm in der Reihe gelegt.

Um die Stängel herum sollten Sie die Erde immer wieder anhäufeln.

Ab Juni sind Frühkartoffeln erntereif, ab Mitte August späte Sorten.

Knoblauch

Beim Knoblauch (*Allium sativum*) scheiden sich bekanntlich die Geister: Die einen können sich eine Küche ohne Knoblauch nicht vorstellen, die anderen wollen ihn nicht in der Küche haben. Ich bin ein absoluter Knoblauchfan und kultiviere deshalb auch immer 2–3 Reihen davon.

Das Zwiebelgewächs ist sonnenhungrig und liebt warme, leichte Böden. Wenn das Frühjahr jedoch kaum Regen im Gepäck hat und die Zehen in März/April gesteckt werden, dann entwickelt sich der Knoblauch nur schleppend und die Zehen sind zur Ernte in Juli/August nicht gerade riesig.

Ich habe deshalb vor drei Jahren damit begonnen, Winterpflanzknoblauch zu setzen und kann die Sorte 'Thermidrome' empfehlen. Der kommt im Oktober ins Beet und ist im nächsten Juli erntereif. Ich setze die Knoblauchzehen nicht wie im Frühjahr im Abstand von etwa 15 cm, sondern etwas dichter, also alle 8–10 cm eine Zehe.

Haben sich die Pflanzen schön entwickelt, dann vereinzele ich den Winter über, hole zu dicht stehendes Grün aus dem Boden und verwende es in der Küche.

Bis −10 °C hält der Knoblauch gut aus, wenn es noch kälter wird, bekommen die Pflanzen eine Vliesabdeckung und halten dann auch mal −16 °C aus. Aber Vorsicht: Wenn es Schnee gibt, der länger liegen bleibt, knicken die Knoblauchtriebe unter dem Vlies zusammen und es dauert etwas, bis sie sich wieder aufgerichtet haben, ein Folientunnel ist da besser geeignet.

Ob Frühlings- oder Winterpflanzknoblauch, die Zehen werden mit dem Boden nach unten 3–4 cm tief in die Erde gesteckt. Die Ernte beginnt, wenn das Laub gelb und trocken wird.

Winterknoblauch-Sorten

SORTE	EIGENSCHAFT
'Thermidrome'	Frühe Sorte, ertragreich, robust
'Violett de lautrec'	Sehr gut lagerfähig
'Messidor'	Sehr würziger Knoblauch
'Germidour'	Milde Sorte, rosa Knollen und Zehen

Knoblauch wird entweder in März/April oder in September/Oktober gesteckt.

1 Weißkohl braucht ganz schön viel Platz im Beet.

2 Altmärker Braunkohl zählt zu den Grünkohlen und ist eine alte Sorte, mit sehr viel Gartenpotenzial.

Kohlgemüse

Kohlgemüse (*Brassica oleracea*) waren früher fester Bestandteil in den Bauerngärten, viele Arten zählen zu den typischen Herbst- und Wintergemüsen.

Ob Weiß- oder Rotkraut, Brokkoli oder Blumenkohl, Grünkohl oder Rosenkohl – sie alle brauchen viel Platz, lieben einen tiefgründigen nährstoffreichen Boden und brauchen ausreichend Wasser. Vor allem Letzteres wird mit zunehmendem Klimawandel allerdings knapp.

Trotzdem lohnt es sich, Kohl im Garten anzubauen. Wie überhaupt im Nutzgarten gelingt die Kultivierung umso besser, je humoser der Boden ist. Eine Mulchdecke mit Grasschnitt, Kräutern oder Ähnlichem bewahrt den Gewächsen Wasser und kann so helfen, Durststrecken zu überstehen.

Interessant sind Weißkohl und Wirsing, die auch kalte Nächte überstehen, Rotkohl ist da schon empfindlicher. Und natürlich der geliebte Grünkohl, der sich vom Frost nicht unterkriegen lässt. Um Schädlingen vorzubeugen, wird ein dichtes Gemüseschutznetz über die Pflanzen gelegt.

Es hat sich bewährt, Jungpflanzen in den Garten zu setzen, die Aussaat ist einfach zu aufwendig. Mitte Mai bis Anfang Juni können frühe, mittelfrühe und späte Kohle gepflanzt werden; ich habe mich auf die späten Lagersorten spezialisiert, vor allem auf den 'Altmärker Braunkohl'. Die Sorte wird im Juli gepflanzt und bildet hohe Triebe mit den typischen Grünkohlblättern. Sie übersteht auch längere Trockenphasen und ist insgesamt robust.

KOHLRABI

Etwas Besonderes unter den Kohlen ist Kohlrabi. Ich pflanze erst Ende August im Abstand 30 × 30 cm, um die kühleren Nächte zu nutzen. Versehen mit einer Glashaube kann man die Knollen auch noch im Winter ernten.

1 Die Zucchinisorte 'Rondo' hat hübsche, kleine, runde Früchte.

2 Botanisch ist 'Zaphito' ein Kürbis, die Früchte werden aber klein geerntet. Sie schmecken ein bisschen wie frische Erbsen.

Kürbis und Zucchini

Die Verwandtschaft von Kürbis (*Cucurbita* sp.) und Zucchini (*Cucurbita pepo*) ist nicht zu übersehen. Wuchs, Blätter und auch die Früchte zeigen Ähnlichkeiten auf; beide gehören ja auch zur Familie der Kürbisgewächse (*Cucurbitaceae*).

Zucchini werden auch Sommerkürbisse genannt. Sie haben eine kürzere Vegetationszeit und werden am besten jung geerntet, dann sind sie noch schön zart. Ich mag vor allem die runden Sorten, aber das ist Geschmackssache, auch länglich und in Gelb, Grün oder Weiß sind Zucchini natürlich anbauwürdig.

Kürbisse und Zucchini sind Sonnenkinder und deshalb an sich schon für den klimatoleranten Garten prädestiniert. Ich habe allerdings die Erfahrung gemacht, dass Zucchini sich bei Trockenheit besser schlagen als Kürbisse, aber das mag von Garten zu Garten verschieden sein. Vor allem Hokkaidos können Trockenheit nicht so gut ab, in dieser Hinsicht ist die weiße Sorte 'Custard White' zu empfehlem. Kürbis und Zucchini mögen es gerne warm, eine Pflanzung ist erst nach den Eisheiligen möglich und für eine gute Entwicklung besser als die Aussaat, zumal die Keimlinge sehr beliebt bei Schnecken sind.

Kürbisse brauchen viel Platz! Das müssen Sie bei der Beeteinteilung unbedingt beachten. 1 × 1 m ist der Mindestabstand, bevor die Pflanzen aber richtig ausgewachsen sind, ist das Beet zu großen Teilen nicht bedeckt und das ist nicht gut für den Boden. Deshalb: Am besten drumherum gut mulchen oder die Pflanzen in Mulchfolie setzen. So bleibt auch Wasser länger im Boden – das brauchen Kürbisse unbedingt. Außerdem sind sie hungrig. Neben der Kompostgabe ins Pflanzloch bekommen sie während der Blüten- und Fruchtbildung einen kaliumbetonten organischen Dünger.

Pastinake

Wurzelgemüse sind Gewinner des Klimawandels. Durch ihre Wuchsart sind sie gegenüber Klimaveränderungen zumindest bisher gut gewappnet, sie sollten unbedingt in den Nutzgartenplan integriert werden.

Bei der Pastinake (*Pastinaca sativa*) ist das nicht anders: Sie ist ein altes Gemüse und war zwischenzeitlich in Vergessenheit geraten, mittlerweile kommt sie aber wieder in Mode und hat sich bei widrigen Witterungsbedingungen im Garten immer wieder bewährt. Durch die lange Vegetationszeit und die tiefreichenden Wurzeln ist Trockenheit nämlich kaum ein Thema.

Der Anbau ist so einfach, dass sich auch Gartenanfängerinnen und -anfänger an die Kultivierung wagen können und dann über den Winter frisches Gemüse für die Küche haben.

Ausgesät wird am besten im April, wenn der Boden noch feucht ist. Möglich ist die Aussaat bis Anfang Juni. Damit die Wurzelrüben gut in die Tiefe wachsen, bedarf es eines tiefgründigen und humosen Bodens. Am besten jedes Jahr neues Saatgut verwenden, die Keimkraft der Körner lässt schnell nach.

Die Samen kommen in eine 2 cm tiefe Saatrille, werden dann mit etwas Erde bedeckt und jetzt heißt es: Geduld haben. Keimung und Jugendentwicklung gehen langsam voran, anschließend nimmt das Wachstum dann aber Fahrt auf. Wenn die Pflanzen etwa 5 cm hoch sind, sollten Sie auf ca. 30–35 cm Abstand vereinzeln.

Im Oktober kann die Ernte beginnen, auf Vorrat muss aber nichts aus der Erde geholt werden, immer nur so viel, wie benötigt wird. Pastinaken überstehen auch starke Fröste und können bei offenem Wetter noch in Februar und März geerntet werden.

Von der Aussaat bis zur Ernte vergehen mehr als 5 Monate. Pastinaken sind ein tolles Wintergemüse.

Rote Bete

Mit den Rote Bete (*Beta vulgaris* subsp. *vulgaris*) ist es ein bisschen so wie bei Kohlrabi: Im Frühjahr kultiviert wollen sie in meinem Garten einfach nicht mehr so richtig gedeihen, im Spätsommer ausgepflanzt entwickeln sie sich dagegen prächtig. Dass Rote Bete auch in Zeiten des Klimawandels gut wachsen, haben sie Ihrer Robustheit zu verdanken. Sie sind recht anspruchslos.

Klassischerweise wird Rote Bete ausgesät, und das ist ab Anfang April möglich. Die Samenkörner sind schön groß und lassen sich leicht im Abstand von ca. 10 cm in die 2–3 cm tiefen Saatrillen legen. Am besten kommen immer zwei Körner nebeneinander, nach dem Aufgang wird die schwächere Pflanze dann herausgezogen. Sie kann auf dem Beet als Mulch liegenbleiben.

Von der Aussaat bis zur Ernte brauchen Rote Bete ca. 120 Tage, später als Juni sollte deshalb nicht gesät werden. In den letzten Jahren scheint eine Pflanzung jedoch mehr Erfolg zu bringen, sodass ich meine Jungpflanzen beim Gärtner einkaufe, der so bekannte Sorten wie 'Rote Kugel' und 'Ägyptische Plattrunde' führt.

Bei einer Pflanzung verringert sich die Kulturdauer, sodass Rote Bete auch noch im Juli ins Beet kommen können. Und wenn Sie sich für die sogenannten Babybeets entscheiden, z. B. 'Pablo' oder 'Boldor', dann kann auch noch im August gepflanzt werden. Die Sorten bilden kleine süße Knollen, die früher reifen.

Rote Bete-Sorten

SORTE	BESONDERHEIT
'Ägyptische Plattrunde'	Alte Sorte
'Boro F1'	Sehr robust, dunkelrote Farbe
'Chioggia'	Weiß-rot geringelt
'Rocket'	Zylindrischer Rübenkörper

Ringelbete, Weiße Bete, Gelbe Bete, mit runden oder spitzen Knollen – die Vielfalt ist groß bei Rote Bete.

Winterportulak

Die Entdeckung von Winterportulak oder Winterpostelein (*Claytonia perfoliata*) ist für jede Gärtnerin und jeden Gärtner eine Offenbarung. Dieses unscheinbare sukkulente Gewächs ist tatsächlich immer noch weitgehend unbekannt, obwohl es die winterliche Küche mit frischem Grün versorgt.

Völlig unabhängig von Wetterkapriolen behauptet sich der frostharte Winterportulak im Garten. Das Saatgut ist superfein, am besten wird es mit etwas Sand gemischt, dann ist die Aussaat nicht so mühevoll und Sie müssen später nicht so viel vereinzeln. In August und September sät man in flache, 0,5 cm tiefe Saatrillen, die einen Abstand von 10–15 cm haben sollten. Es muss kalt sein, damit die Samen keimen, 12 °C sind optimal. Wird später gesät – bis Februar ist das möglich – entwickeln sich die Pflanzen erst zum Frühjahr.

Etwa acht Wochen nach der Aussaat beginnt schon die Ernte, dazu einfach die Stiele abschneiden. Lassen Sie immer etwas stehen, dann kann Winterportulak bis zu sechsmal beerntet werden.

Wurzelpetersilie

Ein Winterschatz, ja so kann man die Wurzelpetersilie (*Petroselinum crispum* var. *tuberosum*) oder Petersilienwurzel ruhig nennen, die viel Ähnlichkeit mit der Pastinake (Seite 69) hat und genauso ein liebgewonnener, verlässlicher Gast im Klimagarten geworden ist.

In meinem Garten hat sich die alte Sorte 'Halblange' bewährt, aber es gibt noch weitere empfehlenswerte Sorten, beispielsweise 'Alba'. Aussaatzeit ist in März und April, dann kommen die Samen etwa 1–2 cm tief in den Boden, werden mit Erde bedeckt und gut angegossen. Mischen Sie das Saatgut mit Markiersaat, also beispielsweise Radieschen, das ist sehr nützlich. Wurzelpetersilie keimt nämlich sehr unterschiedlich und braucht lange. Die Radieschen spitzen schon viel früher aus der Erde und zeigen Ihnen die Reihe an. Nach 2–4 Wochen keimt das Saatgut. 7 cm Abstand in der Reihe ist gut, damit sich jede Pflanze schön entwickeln kann.

Geerntet wird dann ab September/Oktober bis in den Winter hinein. Wenn es sehr kalt wird, deckt man die Beete einfach mit Reisig oder Vlies ab. Das Grün können Sie in der Küche gleich mitverwerten.

1 Als Suppe und Salat oder Topping fürs Gemüse – Winterportulak ist supergesund.

2 Im Gegensatz zur Pastinake, deren Blattansatz leicht eingesunken ist, hat die Wurzelpetersilie einen nach außen gewölbten Blattansatz.

Zwiebel

Fast alles, was im Nutzgarten angebaut wird, ist Geschmackssache – die Zwiebel nicht. Ohne Zwiebeln (*Allium cepa*) kommt man in der Küche einfach nicht aus, und eins ist klar: Selbst gezogene Zwiebeln sind geschmacklich richtig gut.

Es gibt Sommer- und Winterzwiebeln, Saat- und Steckzwiebeln, Gemüse- und Speisezwiebeln. Man muss schon beim Einkaufen beziehungsweise Bestellen aufpassen, dass man das Richtige aussucht.

Aber von Anfang an: Die Unterscheidung zwischen Speise- und Gemüsezwiebel ist nicht schwer, Gemüsezwiebeln sind milder im Geschmack und größer.

Bei den Saatzwiebeln handelt es sich um Saatgut. Die Aussaat ist allerdings ein bisschen tricky, weil der Aussaatzeitpunkt sortenabhängig sehr unterschiedlich sein kann. Als Faustregel gilt: Sommerzwiebeln werden von März bis Anfang April gesät, Winterzwiebeln von Mitte bis Ende August. Es ist ein bisschen mühsam, weil die Samen so fein sind und dann stark vereinzelt werden müssen, und es dauert länger, bis die Pflanzen sich entwickelt haben. Deshalb habe ich mich auf Steckzwiebeln festgelegt; das geht flotter.

Zwiebeln haben gerne einen durchlässigen, lockeren und nährstoffreichen Boden und sind nicht sehr trockenheitstolerant. Es lohnt sich deshalb, auf den Anbau von Wintersteckzwiebeln zu setzen.

Ende September bis Anfang Oktober kommen die Wintersteckzwiebeln in den Boden. Zuvor lockert man ihn schön tief auf, damit die Zwiebeln sich gut entfalten können. Die kleinen Steckzwiebeln kommen so tief in die Erde, dass der Sprossansatz noch herausschaut. Bei starken Frösten wird das Beet abgedeckt, geerntet wird dann im Juni.

Zwiebel-Sorten

SORTE	BESONDERHEIT
'Stuttgarter Riesen'	Sehr robust, gute Lagerfähigkeit
'Sturon'	Sehr würzig
'Alpha'	Frühzwiebel
'Rosanna'	Rötliche Farbe, eher süß im Geschmack

Lassen Sie die Zwiebeln so lange wie möglich im Boden ausreifen. Erst wenn das Laub verdorrt ist, ist Erntezeit.

1 Kirschtomaten sind bei Trockenheit und Hitze weniger gestresst.

2 Es gibt eine riesige Auswahl an Paprika. Mini-Paprika sind ziemlich robust.

Die Kleinen

Große Früchte machen was her, man ist bei der Ernte flott dabei, sie lassen sich gut verarbeiten. Aber die Gartenzeiten ändern sich, wir müssen umdenken, und hin und wieder auch kleiner.

Gemüse, das kleinere Früchte produziert, kommt bei Trockenheit besser zurecht, weil es nicht so viel Kraft in die Produktion der Früchte stecken muss. Eigentlich logisch. Denken Sie nur an die großen Blockpaprika. Die Pflanzen haben schwer zu tragen und irgendwie sieht man ihnen schon an, dass sie wirklich ein bisschen gestresst sind. Mitunter bedeutet aber klein nicht wenig, sondern mehr, nämlich mehr Geschmack. Gerade kleine Früchte sind sehr aromatisch, und das ist für die Verarbeitung ziemlich wichtig.

Seitdem ich das weiß und auch im Garten selbst schon erfahren habe, schaue ich bei der Sortenauswahl immer auf die Fruchtgröße. Das gilt nicht nur für Zucchini und Kürbisse, sondern vor allem auch für Tomaten (*Solanum lycopersicum*)und Paprika (*Capsicum annuum*). Die wachsen nämlich mangels Gewächshaus bei mir auch im Freiland. Und obwohl vor allem die Tomate eine rechte Diva unter den Gemüsepflanzen ist und immer gut mit Wasser versorgt werden will, außerdem auf Stürme und Regen von oben ziemlich zickig reagiert, möchte ich nicht auf sie verzichten.

Da kommen mir Kirschtomaten gerade recht. Sehr ursprüngliche Typen werden als Wildtomaten bezeichnet, ihre Früchte sind noch kleiner, werden dafür aber in Massen von der Pflanze produziert. Die robuste Sorte 'Golden Currant' kann ich guten Gewissens empfehlen.

Paprika sind ein bisschen robuster als Tomaten und gedeihen gut im Freiland. Es gibt viele kleinfrüchtige gute Sorten.

DIE DAUERHAFTEN

Einmal pflanzen und dann jahrelang ernten – mit dauerhaftem Gemüse ist das möglich. Es wird Zeit gespart, lange Erntezeiten sind garantiert und viele der sogenannten Permaveggies überstehen Trockenheit und Hitze gut.

Genügsames Gemüse

Ich gestehe: Ich bin verliebt in dauerhaftes Gemüse. Diese mehrjährigen Gemüsesorten kommen meiner Art zu gärtnern sehr entgegen, passen sich meinem Zeitbudget an und sind einfach mal was anderes. Welche Gärtnerin kann schon aufwarten mit Ewigem Kohl, Baumspinat und Gemüsemalve, welcher Gärtner hat schon mal Nachtkerzenwurzeln auf den Tisch gebracht?

Gerade in diesen unsicheren Zeiten, wo jeder um sein Gemüse bangt – ob sie die Hitze und Trockenheit überstehen, ob die tiefen Temperaturen ihnen vielleicht doch schaden –, sind Permaveggies eine feste Konstante.

Sie kennen bestimmt schon das eine oder andere dauerhafte Gemüse, Spargel und Rhabarber gehören dazu, auch Bärlauch und Meerrettich. Sie zählen zu den Stauden, wachsen also krautig und überstehen viele Jahre am selben Platz. Und das ist auch ihr großer Vorteil: Sie etablieren sich an ihrem Standort und können dadurch auch Trockenphasen überstehen, Starkregen und Fröste.

Wie bei allen anderen Gemüsepflanzen gibt es Blattgemüse, beispielsweise den Ewigen Kohl und Baumspinat, bei Topinambur und Knollenziest werden vornehmlich die Wurzeln beziehungsweise Knollen geerntet und bei Etagenzwiebel, Artischocke & Co. Blüten, Früchte und auch Samen.

Der bedeutendste Unterschied zum einjährigen Gemüse besteht darin, dass man die Einjährigen ganz und gar verbraucht, also aberntet, und die Reste im besten Fall kompostiert. Mit Permaveggies geht man anders um, das ist fast schon eine Philosophie: Es wird nie alles genommen, immer bleiben einige Knollen in der Erde, die im Frühjahr wieder neu austreiben sollen, Blatthorste werden nie ganz geschnitten, damit sie sich regenerieren können, einige Blütenstände bleiben stehen, um Samen zu bilden, die an anderer Stelle keimen können.

Ein weiterer Vorteil: Mit Gemüsestauden ist aber immer auch der Boden bedeckt, die Erosion spielt bei ihnen viel weniger eine Rolle. Das kommt dem klimafreundlichen Gärtnern schon sehr entgegen.

Staudig wachsende Pflanzen brauchen 1–2 Jahre, bis sie sich gut entwickelt haben, das müssen Sie beim Pflanzen bedenken; eine Aussaat ist meist nicht ratsam.

Auch viele Zierstauden sind gemüsetauglich. Die Austriebe von Funkien schmecken sehr gut, von der Taglilie können Sie Knospen, Blüten, Wurzeln essen.

Baumspinat

Zwei Gemüsearten werden als Baumspinat bezeichnet: *Chenopodium giganteum* wächst aber einjährig, während das Buchweizengewächs *Fagopyrum cymosum* dauerhaft ist und also hier Erwähnung findet.

Dieser Baumspinat ist auch unter der Beuzeichnung Wilder Buchweizen bekannt. Er ist ein ergiebiges Gemüse und noch dazu eine nützliche Bienenweide, dennoch spielt die Pflanze in unseren Nutzgärten kaum eine Rolle.

Man liest immer wieder, dass Baumspinat gut für den Waldgarten geeignet sei; er hat es gerne schattig. Das mag stimmen, aber er wächst nach meiner Erfahrung genauso gut in der Sonne, bleibt dann aber etwas kleiner. Selbst während langer Trockenperioden hat er bisher nicht schlapp gemacht.

Pflanzmaterial bekommen Sie am besten bei Spezialanbietern im Internet, ausgepflanzt wird im Herbst. Dann ist genügend Feuchtigkeit im Boden und das Anwachsen gelingt gut.

Die langen kräftigen Triebe können bei Sturm leicht umknicken, binden Sie den Baumspinat lieber an.

Geerntet werden von April bis zum Frost die Blätter, die man wie Spinat zubereitet. Über den Winter ziehen die Pflanzen ein.

1 Gekocht sind die Blätter des Baumspinats geschmackvoller als Spinat, bezüglich der Inhaltsstoffe sind sie viel wertvoller.

2 Die roten Früchte des Erdbeerspinats ähneln Erdbeeren, sie schmecken aber eher fad.

Erdbeerspinat

Eigentlich gehört der Echte Erdbeerspinat (*Chenopodium foliosum*) hier gar nicht hin, er ist nämlich einjährig. Überlässt man aber einige Pflänzchen sich selbst, ohne sie zu ernten, dann sämen sie so gut aus, dass sie im Garten an den verschiedensten Stellen wieder auftauchen und (fast) als Mehrjährige durchgehen können.

Wenn es einen Preis für die toleranteste Gemüseart gäbe, wäre Erdbeerspinat sicher auf der Top-Ten-Liste zu finden. Die Pflanze ist sehr genügsam, genau richtig für die veränderten Klimaverhältnisse. Ausgesät wird von März bis August im Abstand von 25 × 10 cm. Erdbeerspinat wächst auf allen Böden, in Sonne und Halbschatten.

Bei der Ernte schneidet man die ganze Blattrosette ab oder nur einzelne Blätter, die wie Spinat verarbeitet werden. Es gibt auch einen Kopfigen Erdbeerspinat (*Chenopodium capitatum*).

Ewiger Kohl

Der Ewige Kohl (*Brassica oleracea* var. *ramosa*) zählt definitiv zu meinen Lieblingsgemüsesorten. Kohlarten sind an sich schon die Klassiker im Nutzgarten und für die deftige Winterküche unabdingbar, mit dem Ewigen Kohl, auch Staudenkohl genannt, holt man sich aber die pflegeleichte Variante ins Beet.

Beim Ewigen Kohl handelt sich um einen Blätterkohl, der mit seinem reich beblätterten Strunk bis zu 1 m hoch werden kann und sich dann wie ein kleiner Busch verzweigt. Das ist eine schöne Eigenschaft von ihm, denn wenn die Triebe sich nach unten auf den Boden senken, bilden sich schnell neue Pflanzen, und die Vermehrung passiert ganz ohne Zutun des Gärtners.

Gewähren Sie dem Dauergast im Garten einen sonnigen bis halbschattigen Platz und nahrhaften, nicht zu trockenen Gartenboden. Einen Quadratmeter Platz pro Pflanze müssen Sie ihm einräumen, er breitet sich nämlich gerne aus.

Was die Feuchtigkeit angeht, so hat der heiße Sommer 2018 gezeigt, dass Ewiger Kohl durchaus Trockenheit und Hitze trotzen kann und sich nicht so leicht stressen lässt. Ein mit Mulch oder Mulchwürsten bedeckter Boden hilft ihm aber, noch besser durchzukommen.

Zu schaffen machen der Kohlpflanze mitunter die Weiße Fliege und andere Kohlschädlinge. Wird sie im frühen Frühjahr sorgfältig mit einem Gemüseschutznetz abgedeckt, dann bleiben Sie – und vor allem natürlich der Kohl – davon verschont.

Ich lese immer mal wieder, dass der staudig wachsende Kohl im Winter einzieht, aber das hat er bei mir bisher noch nicht gemacht. Selbst bei Temperaturen unter −14 °C hält er durch.

VERARBEITUNGSTIPPS

Das Schöne am Ewigen Kohl: Wenn andere Gemüse ausgepflanzt werden, kann er schon beerntet werden.

Geschmacklich erinnern die Blätter an die vom Spitzkohl. Sie werden nach Bedarf abgeschnitten und dann für Gemüse, Suppen oder Kohlrouladen verwendet. Fällt die Ernte sehr groß aus, dann blanchieren Sie die Blätter nach dem Säubern in kochendem Wasser und frieren Sie sie portionsweise ein.

Geben Sie dem Ewigen Kohl 1–2 Jahre Zeit, damit er sich gut entwickeln kann. Anschließend kann es losgehen mit dem Ernten.

1 Malven, hier die Wilde Malve, sind anspruchslos und wachsen auch auf trockenen Böden.

2 Triebe der Moschus-Malve verzehrte man im Alten Rom als Gemüse.

Malven

Malven sind schöne Pflanzen, die eher als „Futter für die Seele“ durchgehen. Dabei sorgen sie auch für das leibliche Wohl – Blätter, Blüten und Samen verschiedener Arten sind nämlich essbar.

Wer einmal eine Malve gesehen hat, erkennt die Vertreter der Gattung sofort an den typischen Blüten und Blättern und auch an den Früchten beziehungsweise Kapseln, die einem Käselaib ähneln. Vor allem die einjährige Weg-Malve (*Malva neglecta*) wird deshalb auch als Käsepappel bezeichnet.

Als mehrjährige Gemüsepflanzen möchte ich Ihnen aber die Wilde Malve (*Malva sylvestris*) und die Moschus-Malve (*Malva moschata*) ans Herz legen. Sie sind nicht zimperlich, was die Wasserversorgung angeht, und kommen auch mit sandigen, trockenen Böden gut zurecht. Am geeignetsten sind aber humose, nährstoffreiche, leicht kalkhaltige Böden.

Bezüglich der Erntemenge können allerdings beide Malvenvertreter der typischen Gemüse-Malve (*Malva verticillata*) nicht das Wasser reichen. Sie wächst zwar einjährig, siedelt sich aber schnell im Garten an und vermehrt sich durch ausfallende Samen. Probieren Sie einfach alle drei Arten aus.

Malven können Sie aussäen, besser ist es aber, Topfware zu kaufen und sie in Frühjahr oder Herbst im Nutzgarten zu pflanzen. Die Gemüse-Malve verträgt Frost allerdings nicht und darf erst nach den Eisheilgen ins Freie kommen. Bei den höher wachsenden Arten – die Wilde Malve wird bis zu 130 cm hoch, die Moschus-Malve 60 bis 80 cm – empfiehlt es sich, eine Stütze als Halt gleich beim Pflanzen in den Boden zu stecken.

Geerntet werden vor allem Blätter und Triebspitzen, die man wie Spinat zubereitet. Die Samenkapseln schmecken nussig.

Kardy blüht im zweiten Anbaujahr und entwickelt dann dekorative Blütenstände.

Kardy

Seine Verwandtschaft mit der Artischocke kann der Kardy (*Cyanara cardunculus*) nicht verleugnen. Die schönen blauen Distelblüten, die von August bis September erscheinen, sind ganz typisch, aber darauf kommt es beim Kardy nicht an – gegessen werden die Blattstiele und Stängel.

Die Wilde Artischocke, wie Kardy auch genannt wird, ist mehrjährig. So eine Pflanze kann insgesamt etwa 1,50 hoch und 1 m breit werden. Wenn sie im Garten geerntet werden soll, nimmt man aber immer die Stängel im ersten Anbaujahr. Kardy wird also oft komplett geerntet.

Kardy wurde übrigens schon im Altertum als Gemüse- und Heilpflanze genutzt, die imposantere Artischocke hat ihm dann aber den Rang abgelaufen. Seine Heimat ist der Mittelmeerraum, er mag es also gerne schön warm, und das kommt uns ja mittlerweile im Garten sehr entgegen.

Wenn Sie Kardy erst einmal ausprobieren möchten, dann kaufen Sie sich am besten 2–3 Pflanzen. Die Aussaat ist etwas aufwendiger: Die feinen Samen kommen im März/April in mit Anzuchterde befüllte Töpfe, werden angedrückt und nur ganz leicht mit Erde bedeckt. Sie keimen bei 20 °C, dann werden sie kühler gestellt.

Als Sonnenkind braucht Kardy einen sonnigen, warmen Platz und neben der Kompostgabe beim Pflanzen hin und wieder organischen Dünger.

Im Herbst ist Erntezeit, die zarten Blätter und Triebe schmecken kräftig. Wenn Sie das nicht so mögen, binden Sie die Blätter ab September zusammen und umwickeln sie zum Bleichen für 2–3 Wochen mit Pappe.

Nachtkerze

Im Gemüsegarten geht es darum, Nahrungsmittel für uns selbst zu produzieren. Ganz nebenbei können wir mit und durch naturnah bewirtschaftete Gärten aber auch etwas für die Umwelt tun, zum Beispiel die tierischen Gartenbewohner unterstützen. Sie helfen uns dabei, Schaderreger in Schach zu halten, sorgen für die Befruchtung der Blüten und sind im ökologischen Kreislauf-Garten unersetzlich. Wenn wir dadurch auf synthetische Pflanzenschutzmittel verzichten, dann beeinflusst das auch das Klima – nur im Kleinen, aber alles zählt.

Ich plädiere dafür, dass es im Nutzgarten mehr blüht und wir auch Stauden wie Taglilie und Nachtkerze auf den Speiseplan setzen; sie sind Nahrung für uns und die tierischen Gartenbewohner.

Die Nachtkerze (*Oenothera biennis*) wird nicht selten als giftig angesehen, aber sowohl Blüten und Samen als auch die sehr aromatischen Wurzeln sind essbar. Die wunderschönen, schalenförmigen Blüten erscheinen von Juni bis in den September hinein und öffnen sich vom späten Nachmittag bis in die Abendstunden. Ihr Duft lockt zahlreiche Nachtfalter und andere nachtaktive Insekten an und versorgt sie mit Nektar und Pollen.

Das alles sind schon eine Menge Gründe, die Nachtkerze anzubauen, hinzu kommt noch, dass sie auch bei Trockenheit und widrigen Witterungsbedingungen standhält. Sie ist wirklich unkompliziert, wächst sogar besser auf nährstoffarmen Böden, die auch steinig sein können.

Setzen Sie erst einmal 2–3 Pflanzen im Frühherbst, die sie im zweiten Jahr zur Blüte kommen lassen. Die Nachtkerze wird sich dann gut aussämen und vermehren. Die Wurzeln der Zweijährigen werden noch im ersten Standjahr, also im Rosettenstadium entnommen. Sie schmecken gut, beispielsweise in Aufläufen. Die Blätter werden wie Spinat verarbeitet, die Knospen in Essig eingelegt.

Die Wurzeln gewaschen, dünn geschält und geraspelt können Sie die Nachtkerze kochen, dünsten oder braten.

Topinambur

Zu den bekannteren mehrjährigen Gemüsearten zählt sicher der Topinambur (*Heliantus tuberosus*), der schon mal als kleine Sonnenblume durchgeht – er ist ja auch mit der einjährigen Sonnenblume verwandt.

In den letzten Jahren ist Topinambur wieder mehr im Gespräch, also im Gartengespräch, und das ist gut so: Er ist pflegeleicht, kommt mit den veränderten Witterungsverhältnissen gut zurecht und gesund ist er auch noch. Aber das ist bei Gemüse ja keine Seltenheit!

Was Topinambur gemüsegartentauglich macht, das sind die Knollen. Sie sind birnen- oder apfelförmig und sehen ein bisschen wie Ingwerknollen aus, nur größer. Je nach Sorte können Sie zwischen gelben, violetten und braunen Knollen wählen.

Das Besondere an ihnen sind die Inhaltsstoffe. Topinambur enthält nämlich keine Stärke, wie Kartoffeln, sondern Inulin, und das macht die Knollen für Diabetiker interessant. Topinambur wird sehr hoch, bis zu 2 m. Sie sollten deshalb am besten einen Platz am Beetrand suchen, wo er anderes Gemüse nicht beschattet. Außerdem – das darf nicht verschwiegen werden – hat die Gemüsestaude einen großen Drang, sich auszubreiten. Dagegen helfen eine Wurzelsperre, ausgiebiges Ernten – damit nicht so viele Knollen in der Erde verbleiben –, und eine Portion Toleranz.

Ansonsten ist Topinambur aber wirklich pflegeleicht und anspruchslos. In März/April oder im Oktober können Sie die Knollen etwa 10 cm tief im Abstand von 50 × 50 cm in die Erde setzen. Wenn die Triebe und ersten Blätter erscheinen, steht Anhäufeln auf der To-Do-Liste.

Von Oktober bis Februar ist Erntezeit. Das Säubern der Knollen ist etwas mühsam, Schälen ist ratsam, das beugt nämlich Blähungen vor.

Topinambur-Sorten

SORTE	BESONDERHEIT
'Gföhler Rote'	Rote Knollen
'Gigante'	Sehr große Knollen
'Gute Gelbe'	Alte Sorte
'Violo'	Spätreifend, rot-violett gefärbte Knollen

Topinamburknollen müssen vor der Zubereitung gut gewaschen und abgebürstet werden. Schälen muss dann nicht sein.

Winterheckenzwiebel & Co.

Wer mit dem Gedanken spielt, sich dauerhaftes Gemüse in den Garten zu holen, der steigt meist mit der Winterheckenzwiebel (*Allium fistulosum*) ein.

Das Gemüse ist fester Bestandteil in meinem Garten und ein echter Gewinn. Verwendet werden aber nicht die Zwiebeln selbst, die sind nämlich recht klein, sondern die röhrenförmigen Blätter, die ganz nach Bedarf bodennah abgeschnitten werden. Sie sind sehr mild und liegen geschmacklich zwischen Zwiebel und Lauch. Ein paar Stängel bleiben natürlich immer stehen, das ist ja das Prinzip bei den Permaveggies, und die bilden runde weiße Blüten – Magnete für Hummeln.

Sie können Winterheckenzwiebeln von März bis Mai im Abstand von 25 × 10 cm aussäen, schneller und einfacher ist aber eine Pflanzung. Hat sich die Winterheckenzwiebel erst einmal am Standort etabliert, breitet sie sich nach und nach aus und kann nach ein paar Jahren auch geteilt und andernorts eingepflanzt werden.

ETAGENZWIEBEL

Ein weiteres trockenheitstolerantes, mehrjähriges Zwiebelgewächs ist die Etagenzwiebel (*Allium cepa* var. *proliferum*), ein Kuriosum unter den Gemüsearten. Die Brutzwiebeln bilden sich nämlich nicht unterirdisch, sondern als Luftzwiebeln in Etagen.

Bei verschiedenen Anbietern von biologischem Saatgut und alten Arten und Sorten bekommt man die kleinen Zwiebeln oder Jungpflanzen, die in März/April im Abstand von 50 cm in den Boden gesteckt werden. Mit sandigem Lehm, Lehm- und auch Tonböden kommt die Etagenzwiebel gut zurecht, auch mit etwas leichteren Böden. Trockenphasen werden gut überstanden, vor allem wenn der Boden gemulcht ist.

Zugegeben, die Zwiebeln sind recht klein, aber sie schmecken richtig gut und die Ernte ist rückenschonend.

KANTEN-LAUCH

Allium angulosum ist ein Wild-Lauch mit Knoblauchnote und sehr trockenheitstolerant. Eigentlich passt er auch gut in den Kräutergarten, die Blätter werden gerne als Gewürz in der Küche verwendet.

Es lohnt sich, ein paar Stauden mehr zu pflanzen, gerade weil der Kanten-Lauch so anspruchslos ist und beinahe ganzjährig geerntet werden kann.

1 Die Blüten der Winterheckenzwiebel zählen zu den frühen Bienen- und Hummelweidepflanzen.

2 Die Zwiebelchen der Etagenzwiebel sind sehr aromatisch.

3 Kanten-Lauch hat die typischen Zwiebelblüten, die Blätter sind ganz flach.

NEUES WAGEN

Was früher nur im beheizten Gewächshaus möglich war, ist mit steigenden Temperaturen und länger werdenden Vegetationszeiten jetzt auch im Nutzgarten eine Option: Es kann losgehen mit dem Anbau von exotischem Gemüse.

Südländisches Flair

Neue Gemüsearten halten Einzug im Garten, das ist eine wirklich gute Nachricht. Viele Pflanzen aus dem Mittelmeerraum, den Tropen und Subtropen mögen vor allem eins: Wärme und Licht. Mit den veränderten Wachstumsbedingungen, längeren Vegetationszeiten und steigenden Temperaturen können wir ihnen mittlerweile einiges bieten.

Jedes Gemüse hat seine eigenen Ansprüche was Standort, Licht und Wärme angeht, das ist auch bei exotischen Arten nicht anders. Eines ist ihnen aber allen gemeinsam: An niedrigere Temperaturen sind sie gar nicht gewöhnt. Die Exoten können deshalb erst Mitte Mai nach den Eisheiligen in den Garten gesetzt werden. Das ist für solche mit langen Vegetationszeiten schon fast ein bisschen zu kurz, wenn es ab September/Oktober bei uns dann doch wieder kälter wird. Aussäen ist also meist keine Option, exotische Gemüse werden am besten gleich gepflanzt.

Auberginen, Mexikanische Minigurken und Artischocken werden Sie im gut sortierten Gartencenter oder bei Ihrem Gärtner als Jungpflanzen sicher bekommen, zur Not wird eben online geordert. Bei so orientalischem Gemüse wie den Kichererbsen oder bei bestimmten Sortenwünschen wird das schon schwieriger. Da kommt man leichter an Saatgut als an Jungpflanzen ran. Selbst vorziehen ist jetzt die Devise.

20–35 °C benötigen exotische Gemüse in der Regel zum Keimen. Ein Platz auf der hellen Fensterbank unter der Heizung ist ideal. Passen Sie aber auf, dass es für die Pflanzen nicht zu heiß wird und befeuchten Sie die Erde regelmäßig. Wenn die Samen bei der Keimung trocken werden, ist nämlich alles vorbei; aber das ist bei allen Ansaaten so.

1–2 Wochen vor dem Auspflanzen wird das Gemüse abgehärtet, die Jungpflanzen kommen tagsüber nach draußen und werden nachts ins Haus geholt. Das ist die beste Vorbereitung auf die neue Situation. Um es dem Gemüse im Garten dann so angenehm wie möglich zu machen, können Sie die Pflanzen beispielsweise in schwarze Mulchfolie setzen (Seite 46).

Neben viel Sonne und Wärme benötigen verschiedene exotische Gemüse auch eine spezielle Wasserversorgung. Mit klugen Bewässerungssystemen (Seite 93) lässt sich das gewährleisten. Außerdem sind fast alle exotischen Gemüse Starkzeher und werden daher für Kompostgaben dankbar sein.

Artischocke

Als Königin der Gemüse wird die Artischocke (*Cyanara solymus*) gerne bezeichnet. Sie ist auch wirklich ein echter Hingucker, die grob geschuppten Hüllblätter der Blütenköpfe überaus dekorativ, die zahlreichen blauen Röhrenblüten ein Magnet für Hummeln, Bienen und Schmetterlinge.

Ein herrschaftliches Gemüse, das ist klar, und deshalb ist es auch nachvollziehbar, dass die Artischocke ein bisschen mehr Zuwendung benötigt als so manch andere Art.

Die Pflanzen brauchen einen warmen, sonnigen und geschützten Standort, einen gut gelockerten Boden, damit die langen Wurzeln sich ausbreiten können. Genügend Wasser sollte auch immer vorrätig sein; wenn der Boden das nicht liefern kann, müssen Sie ab und zu bewässern. Gewähren Sie der Artischocke 1 × 1 m Platz, den braucht sie, um sich richtig zu entfalten.

Zur Ernte werden im August die Blütenköpfe abgeschnitten und zumeist der Blütenboden verschiedentlich zubereitet.

Nach der Ernte kürzt man die Pflanzen bis auf wenige Zentimeter über dem Boden ein und bedeckt sie mit einer dicken Schicht Laub oder Stroh. Wenn die Temperaturen nicht unter –5 °C fallen, gelingt sogar eine Überwinterung. Artischocken zählen in ihrer Heimat nämlich zu den Permaveggies.

1 Artischocken sind fast zu schön zum Essen. Sie machen sich auch gut in der Vase.

2 Mini-Aubergine 'Kaberi'.

Aubergine

Schon ab Januar/Februar müssen Sie Auberginensaatgut vorziehen, die Entwicklung bis zur Jungpflanze dauert 2–6 Wochen. Einmal muss auch pikiert, also in größere Töpfe umgepflanzt werden. Robuste Sorten wie 'Apple Green' oder 'Caspar' können dann ab Mitte Mai ins Freiland gepflanzt werden, am besten an einen sonnenverwöhnte Platz, wo es ein bisschen geschützt ist.

Wenn Sie es mit Auberginen (*Solanum melongena*) im Freiland versuchen wollen, dann greifen Sie – wie bei Tomaten und Paprika (Seite 73) – zu kleinfruchtigen Sorten. Die ovalrunden Früchte der Gelben Aubergine werden beispielsweise nur 4–7 cm groß, die Sorte ist sehr robust. Es lohnt sich außerdem, einige Seitentriebe zu entfernen, dadurch hat die Pflanze mehr Kraft für die Fruchtbildung und breitet sich nicht so stark aus. Im Beet brauchen Auberginen 60 × 60 cm Platz. Erntezeit ist von Juli bis zu den ersten Frösten.

Bei der Kichererbse kann man auch die grünen Hülsen ernten und verarbeiten.

Kichererbsen

Ich hätte wirklich nicht gedacht, dass Kichererbsen (*Cicer arietinum*) jemals in meinem Garten wachsen würden. Die nussigen Hülsenfrüchte sind ja gerade ziemlich angesagt, ich habe sie aber erstmals angebaut, als ich in den Besitz einer Samenmischung aus biblischen Pflanzen gekommen bin. Kichererbsen zählen immerhin zu den ältesten Kulturpflanzen der Welt und werden schon in der Bibel erwähnt.

Mitte Mai ist die Zeit, um vorgezogene Kichererbsen zu säen oder auszupflanzen. Bei einer Voranzucht ab April und späterem Auspflanzen geht alles ein bisschen schneller. 5–8 cm tief kommen die Samen in die Erde, im Abstand von 20 × 30 cm. Kichererbsen zählen zu den genügsamsten Pflanzen, die ich kenne: trockener Boden, keine Düngung, nur im Notfall gießen.

Wenn sich nach ca. 10 Wochen die Hülsen gelb färben, sind die Samen erntereif. Die Pflanze wird aus dem Boden gezogen und verkehrt herum zum Trocknen aufgehängt.

Kiwano

Die orangefarbenen, stacheligen, länglich ovalen Südfrüchte, die man bei uns höchstens mal in Obstgeschäften bekommt, gehören zu den Kürbisgewächsen. Ursprünglich stammen sie aus Afrika, kommerziell werden sie aber vor allem auch in Neuseeland angebaut; daher auch der Name, der sollte nämlich an die Erfolgsgeschichte der Kiwis anknüpfen.

Dadurch, dass sich die Gartensaison in unseren Breiten zusehends verlängert, steht dem Anbau der Kiwanos (*Cucumis metuliferus*) kaum noch etwas im Wege.

Jungpflanzen werden sie hierzulande kaum finden und müssen deshalb aus Samen selbst vorziehen. Das geht schnell: In 4–5 Wochen haben sich aus den Keimlingen Jungpflanzen entwickelt, die nun im Freiland weiterkultiviert werden. Beginnen Sie also nicht zu früh mit der Aussaat, Ende März/Anfang April ist ein guter Zeitpunkt.

Kiwanos sind Kletterpflanzen und brauchen ein Rankgerüst beziehungsweise eine Kletterhilfe. Das kann man den Pflanzen selbstverständlich im Garten bieten, man kann sie aber auch an einer Pergola hochranken lassen.

Wie bei vielen anderen Exoten ist eine gleichmäßige Wasser- und Nährstoffversorgung ganz wichtig. Wenn Kiwanos sich dann wohlfühlen im Garten, wird sich bald ein dichter Dschungel aus Blättern und Trieben bilden.

Vor den ersten Frösten ist Erntezeit, anschließend müssen Sie die Pflanzen mehere Wochen bei 15–20 °C lagern, erst dann färben sie sich nämlich leuchtend orange und können gegessen werden.

Mexikanische Minigurke

Vor ein paar Jahren habe ich die Mexikani sche Minigurke (*Melothria scabra*) für meinen Garten entdeckt. Die kleinen Früchte sehen aus wie Mini-Melonen, sind jung geerntet sehr knackig und schmecken wie eine Kombination aus Gurke und Melone. Die Heimat der Minigurke – man nennt sie auch Cucamelon – ist Mexiko, dementsprechend hat sie Wärme sehr gerne, und noch einen weiteren Vorteil im kliamtoleranten Gemüsegarten: Sie entwickeln Speicherwurzeln, die bei Trockenheit immer noch Wasser liefern können. Die Mexikanische Minigurke übersteht deshalb auch Durststrecken sehr gut und fühlt sich auf trockenen Böden wohl.

Am besten kaufen Sie sich einige Jungpflanzen, die es mittlerweile auch schon in gut sortierten Fachmärkten und Gärtnereien gibt oder Sie ziehen aus Samen selbst vor, die man bei verschiedenen Biosaatgut-Anbietern online bestellen kann.

Die Samen werden in mit Anzuchterde gefüllte Töpfe 1–2 cm tief in die Erde gelegt. Bei Temperaturen um 22 °C dauert es ca. 3–4 Wochen, dann erscheinen die Keimblätter. Nach 1–2 Wochen kann dann schon umgetopft werden. Nehmen Sie jetzt etwas nährstoffreichere Erde, die Pflänzchen müssen jetzt gepeppelt werden. Als wärmeliebendes Gewächs ist ein Auspflanzen vor den Eisheiligen nicht empfehlenswert. Erst wenn keine Fröste mehr kommen, ghet es in den Garten.

Die Mexikanische Minigurke ist eine Kletterpflanze, beim Auspflanzen im Abstand von ca. 35 × 35 cm stecken Sie am besten gleich Haselnussruten dazu oder ein etwas höheres Rankgerüst. Die Gürkchen werden ca. 2,5 m hoch.

1 Kiwano sind eine farbige Zierde und sehen auch in herbstlichen Dekorationen hübsch aus.

2 Mexikanische Minigurken reifen nach und nach und können auch gleich genascht werden.

Special

WILDGEMÜSE FÜR DEN GARTEN

SEIEN SIE TOLERANT

Wahrscheinlich können Sie es gar nicht mehr hören oder lesen: „Unkraut im Garten einfach aufessen!" Als wenn das so einfach wäre. Die Familie steht dem Giersch sehr skeptisch gegenüber – am besten man verschweigt seine Anwesenheit im Salat – und die Lust auf Brennnesselsuppe hält sich auch in Grenzen.

Trotzdem sollten wir den Un- oder besser Beikräutern mit mehr Toleranz begegnen, Brennnesselecken stehen lassen, Behaartes Schaumkraut (*Cardamine hirsuta*), Ehrenpreis (*Veronica* sp.), Vogelmiere (*Stellaria media*) & Co. mit Respekt gegenübertreten. Immerhin liefern sie ganz früh im Jahr den ersten Bienen und Hummeln Nahrung. Angesichts der Tatsache, dass die Artenvielfalt schrumpft und die Bodenversiegelung Lebensraum begrenzt oder zerstört, ist das mehr denn je ein wichtiger Aspekt. Tolerieren heißt also die Devise. Natürlich muss bedacht werden, dass die Beikräuter nicht überhand nehmen und mit dem Gemüse zu stark um Platz, Wasser und Nährstoffe konkurrieren.

Also erstmal abwarten und die Wildkräuter auf Wegen, am Zaun und in Ecken stehen lassen. Nur bei Wurzelunkräutern wie Giersch und Quecke, da sollten Sie es nicht ganz so weit kommen lassen und die Ausbreitung in Schach halten.

ENTDECKEN SIE DIE VIELFALT

Um die Kräutchen, die sich sowieso gerne im Garten tummeln, soll es an dieser Stelle aber gar nicht gehen. Hier sollen Wildgemüse vorgestellt werden, die im Garten aktiv angepflanzt werden, die den Speiseplan wie alle anderen Gemüse bereichern und das Wichtigste: denen Trockenheit und Hitze wenig anhaben können.

1

2

1 *Silene* toleriert auch lange Trockenphasen.

2 Die jungen Blätter der Kohldistel schmecken in Salaten und als Gemüse, wie Spinat zubereitet.

3 *Campanula latifolia* bereichert den Gemüsegarten mit Blüten.

Die wilden Arten unter den Gemüsen und Kräutern sind „die Harten“ im Garten. Niemand hegt und pflegt sie in der Natur, gibt ihnen Wasser, wenn es nicht regnet, düngt sie, wenn Nährstoffe fehlen, oder schützt sie bei eisiger Kälte. Sie müssen sich anpassen, sonst gehen sie zugrunde. Diesen Vorteil von Wildgemüse nicht zu nutzen, wäre gerade jetzt und für die Zukunft falsch.

GENÜGSAMES GEMÜSE

Mein absoluter Favorit ist das Taubenkropf-Leimkraut (*Silene vulgaris*), auch als Strigoli bekannt. Das Kraut ist in Europa weit verbreitet, bei uns besiedelt es sonnige, mäßig trockene und ausgesprochen nährstoffarme Standorte. Kaum jemand beachtet das Gemüse und weiß, wie gut es sich für Garten und Küche eignet. In Italien ist man da schon viel weiter, da kann Strigoli sogar auf Märkten als Gemüse gekauft werden.

In meinem Garten wächst Silene in voller Sonne am Beetrand, wo sich Wiesengräser drumherum tummeln und an einem etwas schattigeren Platz. Ich hatte mir drei Pflanzen zugelegt, die sich schon im zweiten Jahr so gut entwickelt hatten, dass es losgehen konnte mit der Ernte: Ab dem Frühjahr werden immer wieder die jungen Blätter geschnitten und in Butter gedünstet, die Stängel kommen kleingeschnitten in Salate oder werden wie Spargel zubereitet; auf Korsika ist die *Silene*-suppe eine Spezialität.

Auch solche Leckereien wie Glockenblumen (*Campanula* sp.) solltenSie nicht verschmähen. Im Gemüsegarten ist die Breitblättrige Glockenblume (*Campanula latifolia*) interessant, weil es da genug zu ernten gibt. Empfehlenswert ist außerdem die Wilde Pastinake (*Pastinaca sativa* subsp. *sativa*) und der Gute Heinrich (*Chenopodium bonus-henricus*), der schon in frühen Bauerngärten seinen Platz hatte.

Als heimisches Wildgemüse darf die Kohldistel (*Cirsium oleraceum*) nicht unerwähnt bleiben. Allerdings wächst sie gerne auf etwas feuchteren Böden, die aber durchaus in der Sonne liegen können. Humoser, gut gemulchter Gartenboden ist optimal.

Wasser sinnvoll nutzen

NACHHALTIG GÄRTNERN

Hitze und Trockenheit verstärken sich und machen deutlich, wie wichtig es ist, beim Gärtnern sparsam mit der Ressource Wasser umzugehen. Wasserstellen in der Anlage, offene Wege und ein kluges Wassermanagement helfen dabei.

Nützliches Wasser

Wasser ist ein lebensnotwendiges und weltweit betrachtet auch ein knappes Gut. Gerade deshalb ist es im Garten ja auch so wichtig, alle Maßnahmen zu fördern, die Wasser sparen können: Mit an den Standort angepasstem, trockenheitstolerantem Gemüse, mit Humusaufbau, Mulchen und der Verwendung von Regenwasser ist schon enorm viel getan.

Wasser ist aber auch noch in anderer Hinsicht nützlich: Für ein gutes Klima in Zeiten von Trockenheit und Hitze sorgt beispielsweise ein kleiner Teich, ein Wasserbecken oder -trog, und wenn genügend Platz vorhanden ist, ein Schwimmteich. Wasser speichert nämlich Wärme und entzieht der Umgebung Energie, das heißt in der Nähe von Wasser ist es etwas kühler. Wasser kann sogar 2,5-mal mehr Wärme speichern als Steine, beispielsweise eine Trockenmauer.

Nachts wird die Wärme, die das Wasser gespeichert hat, dann wieder an die Umgebung abgegeben. Wasser verdunstet und dadurch wird es kühler. Selbst kleine Wasserbecken und Tröge wirken auf diese Weise wie eine Mini-Klimaanlage.

MATERIALIEN IM GARTEN

Wasser sparen und die Umwelt schonen, das geht auch indirekt. Viele Dinge, die wir zum Gärtnern und im Garten verwenden, kommen von weit her, zumindest verschiedene Rohstoffe. Vielleicht steht neben dem Kräuterbeet im Gemüsegarten eine Bank. Aus welchem Material sie ist, spielt für das Weltklima und die Wasservorräte eine Rolle.

Holzmöbel sind natürlich und für den Garten gut geeignet, aus Tropenhölzern sollten sie aber nicht sein. Regenwälder speichern nämlich Unmengen von Kohlenstoff, dass sie abgeholzt werden, ist für das Klima eine Katastrophe. 20 Prozent des weltweiten CO^2-Ausstoßes gehen darauf zurück. Auch für Gartenmaterialien lautet also die Grundregel: Regional ist besser als international, zumal auch die Transportwege viel kürzer sind.

Und wenn es um Schutzvliese, Folien und Bindeschnüre aus synthetischen Materialien für den Garten geht: Die werden meist mit viel Energieaufwand aus fossilen Stoffen, beispielsweise Erdöl, hergestellt. Jute, Sisal, Wolle & Co. sind da sehr viel umweltfreundlichere Stoffe.

WEGE IM GARTEN

Zwischen den Gemüsebeeten muss man gut und trockenen Fußes laufen können, auch wenn es mal regnet. Auf den breiten Wegen im Nutzgarten werden Schubkarren geschoben – Wege sind im Nutzgarten wichtig, sie sollten aber nicht versiegelt sein, Wasser muss versickern können.

Die Notwendigkeit ist offensichtlich: Wenn zwischen den Gemüsebeeten Wasser nicht einsickern kann, dann wird bei einem Starkregen viel mehr Erde abgeschwemmt; Erosion ist die Folge. Wasser muss im Garten immer an Ort und Stelle in den Boden gelangen, zwischen den Beeten kann es so auch zur Bewässerung der Gemüsepflanzen beitragen.

Wenn Sie es ganz ordentlich haben möchten, dann legen Sie Platten in ein Kies- und Sandbett, und zwar mit Fugen zwischen den Wegeplatten. 1 cm breite, stabile Fugen können immerhin über 50 Prozent des Niederschlagswassers an Ort und Stelle versickern lassen.

Es reicht aber genauso, wenn zwischen den Beeten die Erde nur festgetreten oder ein rollbarer Gartenweg aus Holz ausgelegt wird.

Auf den Hauptwegen lassen Rasengittersteine, Rasenfugenpflaster oder auch einfach nur Kies das Regenwasser in den Boden eindringen. Ganz klassisch und sehr effektiv sind außerdem Rasenwege.

WANN WASSER GEBRAUCHT WIRD

Ganz ohne Wasser kommt Gemüse, je nach Art und Sorte, in Trockenphasen meist nicht aus, und Regen steht uns leider nicht immer in dem Maß zur Verfügung, wie wir ihn gerade brauchen.

Die Exoten (Seite 8), die sich mittlerweile recht wohl in unseren Gemüsegärten fühlen, sind ziemlich wasserbedürftig, während Wildgemüse (Seite 86) das Wassermanagement selbst in die Hand nimmt und kaum einmal Nachschub von uns benötigt.

Wasserbedarf von Gemüse

GEMÜSE	WASSERBEDARF	ZEITRAUM
Artischocke	Hoch	Während der gesamten Kulturdauer
Asiasalate	Mittel	Während der gesamten Kulturdauer
Bohnen	Mittel	Vor allem während der Blüh- und Fruchtbildungsphase
Braunkohl	Niedrig-Mittel	Vor allem wenn sich der Blattschopf bildet
Erdbeerspinat	Niedrig	Während der gesamten Kulturdauer
Kichererbsen	Sehr niedrig	Während der gesamten Kulturdauer
Kiwano	Mittel	Während der gesamten Kulturdauer
Pastinaken	Niedrig-Mittel	Während der gesamten Kulturdauer
Winterheckenzwiebel	Niedrig	Während der gesamten Kulturdauer

Es ist wichtig, den Wasserbedarf der Gemüsearten zu kennen, die im Garten wachsen. Wenn Sie nach dem Gießkannenprinzip wässern, also alle Pflanzen gleichermaßen gießen, wird Wasser verschwendet.

Trockenheitstolerantes und wärmeliebendes Gemüse, das in diesem Buch vorgestellt wird, kommt mit Trockenphasen gut zurecht, bei der Aussaat und Keimung muss aber genügend Wasser zur Verfügung stehen. Wenn Gemüse gepflanzt wird, dann können Sie die Töpfchen zuvor für ein paar Minuten in einen Wassereimer stellen, damit sich die Erde mit dem kühlen Nass vollsaugen kann. Zusätzlich wird dann noch Wasser ins Pflanzloch gegeben. Wenn Sie Gemüse aussäen, muss der Boden bis zur Keimung feucht bleiben und auch die Keimlinge brauchen regelmäßig Wasser, entweder in Form von Regen oder aus der Gießkanne.

Wie viel Wasser ist im Boden

Wie viel gegossen werden muss, das hängt nicht nur vom Gemüse, sondern auch vom Bodentyp (Seite 36) und von der Witterung ab. Bei tiefgründigen, sandig-lehmigen oder lehmigen Böden muss weniger gegossen werden, als bei Böden mit hohem Sandanteil. War der Winter niederschlagsreich, können auf sandig-lehmigen Böden selbst im Mai noch bis zu 200 l Wasser pro Quadratmeter im Boden vorhanden sein, in Sandböden dagegen nur 100 l pro Quadratmeter.

Wie schnell das Wasser im Boden wieder verdunstet, ist von der Temperatur abhängig: Ist es kühler als 20 °C, werden je nach Größe der Pflanzen etwa 1–2 l pro Quadratmeter verdunstet, bei über 30 °C sind es schon 4–7 l. Und auch der Wind kann Böden austrocknen, hängt dagegen Nebel in der Luft, senkt das die Verdunstung.

Wenn Sie sich aber gerade im Sommer nicht sicher sind, wie trocken der Boden wirklich ist, dann hilft ein Griff zum Spaten. Das Spatenblatt wird neben einer Gemüsepflanze in den Boden gestochen und dann etwas weggedrückt. So können Sie sehen beziehungsweise fühlen, ob die Erde sich im Wurzelbereich noch feucht anfühlt oder trocken ist und gegossen werden muss.

REGEN MESSEN

So genau weiß man normalerweise gar nicht, wie viel es geregnet hat. Und selbst wenn der Wetterbericht für die Region ziemlich exakte Angaben macht, können punktuell doch ganz unterschiedliche Wassermengen runtergekommen sein.

Mit einem Regenmesser sind Sie allerdings bestens ausgestattet und können besser einschätzen, ob gegossen werden muss. Wenn Sie die Regenmengen in Ihrem Gartentagebuch notieren, können Sie schnell nachschauen, wann es tatsächlich zum letzten Mal geregnet hat. Gefühlt dauern Trockenphasen meist viel länger an.

Es gilt die Faustregel: 1 mm Niederschlag entspricht 1 l Wasser pro Quadratmeter. Diese Wassermenge dringt etwa 1 cm tief in die Erde ein. Wenn die Pflanzenwurzeln beispielsweise 10 cm tief in die Erde gehen, dann benötigen Sie eine ganz mit Wasser gefüllte 10-l-Gießkanne zum Gießen.

Regenmesser sollten zur Standardausstattung im Garten zählen. Sie müssen aber frostfrei überwintert werden.

BEWÄSSERUNGSSYSTEME

Von der Gießkanne bis zur Tröpfchenbewässerung, von Ollas bis Plastikflaschen – suchen Sie sich ganz individuell aus, was für das Gemüse in Ihrem Garten und für Sie selbst am besten passt und am effektivsten ist.

Die gute alte Gießkanne

Ich gieße ganz traditionell im Garten mit meiner alten Gießkanne. Sie ist ein treuer Begleiter, geht nicht kaputt, versagt nicht, wenn der Strom ausfällt, und ich kann jedes Gemüse ganz nach Bedarf gießen.

So individuell wie mit der Gießkanne ist das Wässern mithilfe von Bewässerungsanlagen gar nicht möglich. Außerdem ist sie wohl die kostengünstigste Bewässerungsmethode, wenn man von Ollas und umgedrehten Plastikflaschen mal absieht. Nur das Schleppen der schweren Kannen ist etwas beschwerlich.

Die Gießkanne gehört in jedem (Gemüse-)Garten zur Standardausrüstung. Zu jedem Modell gibt es immer einen Gießaufsatz, der hauptsächlich für die Bewässerung von frisch Gesätem eingesetzt wird. Die Brause kommt auf das Ausgussrohr und beim Gießen entsteht dann so ein schöner leichter Regenschauer, ohne dass der Boden und mit ihm die frisch gesäten Samen wegschwemmt wird.

Ohne Aufsatz kann das Wasser direkt an den Wurzelansatz der Pflanze am Boden gebracht werden und kommt so genau dahin, wo es hinsoll, ohne dass etwas vom wertvollen Nass vergeudet wird.

Gießkannen gibt es in allen möglichen Farben und Formen und aus verschiedenen Materialien. Zinkkannen passen gut in den Garten.

REGENWASSER

Das beste Wasser zum Gießen ist Regenwasser. Es ist nicht so kalt, wie das aus der Wasserleitung, enthält wenig Kalk und andere Mineralien und beeinflusst so auch nicht den pH-Wert und den Nährstoffgehalt des Bodens. Regenwasser gibt es außerdem kostenlos, Wasser aus der Leitung ist aufwendig aufbereitet und sollte nicht unbedingt vergossen werden, das wäre eine echte Verschwendung.

Wo auch immer ein Regenrohr zur Verfügung steht – stellen Sie ein Wasserfass drunter, dann gibt es in trockenen Zeiten genügend Wasser.

REGENTONNE UND ZISTERNE

Damit Sie auch genug Wasser sammeln können, werden Regentonnen und -fässer aufgestellt, am besten unter das Abflussrohr einer Regenrinne. Schon bei einer kleinen Dachfläche von 12 Quadratmetern können Sie bis zu 10 Kubikmeter Regenwasser auffangen. Das lohnt sich.

Natürlich muss eine Wassertonne gerade und nicht schief stehen und im besten Fall auch geschützt. Wenn es nämlich längere Zeit nicht geregnet hat und das Behältnis fast leer ist, kann es bei Wind leicht umfallen. Zum Beschweren der Tonne kann man aber auch einen Stein hineinlegen.

Was die Anzahl von Wasserfässern im Garten angeht, kann ich nur sagen: Je mehr, desto besser. Meist ist der begrenzende Faktor die Anzahl der Regenrinnen. Aber da können Sie Abhilfe schaffen und eine weitere Regentonne dazustellen, die etwas niedriger als die erste Tonne steht. Mithilfe eines längeren Auslaufs am oberen Rand der Tonne kann überlaufendes Wasser direkt in die zweite Tonne fließen.

Eine größere Menge Regenwasser können Sie auch in Zisternen auffangen. Die unterirdischen Wasserbehälter gibt es in jeder erdenklichen Größe und Ausstattung, gemauert, aus Stein oder aus Polyethylen.

Kleinere Tanks fassen etwa 1500 l und sind für den Garten gut geeignet. Wenn es regnet, gelangt das Wasser über Zuleitungsrohre und durch Filter in die Zisterne und kann später abgepumt werden.

Damit alles richtig funktioniert, sollten Sie einen Fachmann mit dem Einbau beauftragen.

WANN, WO, WIE GIESSEN?

Die beste Gießzeit ist frühmorgens, wenn die Pflanzen am meisten Wasser aufnehmen können, gegossen wird immer im Wurzelbereich. Wenn Sie beim Gießen die Blätter und Blüten benetzen, kann das Gemüse bei Hitze einen Sonnenbrand bekommen. Ist die Pflanze feucht, haben Krankheitserreger leichtes Spiel.

Gießen Sie lieber selten, dafür aber ausgiebig. 10–20 l Wasser pro Quadratmeter rechnet man für einmal gießen; abhängig ist das natürlich vom Gemüse, den Boden- und Witterungsverhältnissen. Die Menge reicht für mehrere Tage. Gießt man öfter, gewöhnen sich die Pflanzenwurzeln an ständig kleine Wassermengen und bleiben an der Oberfläche, statt sich auch selbstständig aus tieferen Bodenschichten Wasser zu holen.

Automatische Bewässerung

Gießen mit der Gießkanne ist auf jeden Fall die nachhaltigste Bewässerungsmethode, aber sie ist kraft- und vor allem zeitaufwendig. Mit automatischen Bewässerungssystemen ist man sehr viel unabhängiger und weiß die Pflanzen gut versorgt.

Ganz einfache Bewässerungen für einzelne Pflanzen kann man leicht selbst bauen; auf den folgenden Seiten gibt es einige Tipps dazu. Es gibt aber auch die verschiedensten Systeme auf dem Markt: Solche, die eine Regenwassernutzung miteinbeziehen, sind besonders empfehlenswert. Es gibt computergesteuerte Regner und Sprühanlagen, vollautomatische Anlagen, die über Feuchtigkeitsfühler gesteuert werden. Interessant sind vor allem Tröpfchenbewässerungssysteme, wo Schläuche ober- oder unterirdisch verlegt werden und tröpfchenweise Wasser aus kleinen Öffnungen abgeben.

SO FUNKTIONIERT'S

Voraussetzung für ein Bewässerungssystem im Garten ist natürlich ein Wasseranschluss beziehungsweise der Anschluss an die Zisterne. Sie sollten vorab auch sicherstellen, dass ein ausreichend hoher Wasserdruck auf der Wasserleitung ist.

Es gibt sehr einfache Systeme, die man leicht selbst zusammenbauen und verlegen kann. Ein beispiel ist das Blumat-Tropfsystem, bei dessen Anwendung zu jeder Pflanze oder Pflanzengruppe ein sogenannter Tropf-Blumat mit Tonkegel in den Boden gesteckt wird.

Die einzelnen Teile sind mittels Schläuchen miteinander ver- und an den Wasseranschluss angebunden. Vor Inbetriebnahme müssen sich die Tonkegel komplett mit Wasser vollsaugen. Wird der Boden trocken, geben die Kegel etwas Wasser an die Erde ab, es entsteht im Inneren ein Unterdruck, ein Ventil öffnet sich und Wasser kann direkt zu den Pflanzen strömen. Sobald die Erde dann feucht genug ist, wird das Wasser in den Tonkegel zurückgesaugt und das Ventil schließt sich wieder. Das Tropfsystem kann sogar über das Regenfass mit Wasser beliefert werden. Das Fass

Mit Micro-Drip-Systemen gelangt das Wasser tröpfchenweise zu den Pflanzen, ohne dass sie dabei nass werden.

TIPP

Ein Bodenmesser ist ein sehr nützliches Gerät, um den Wasserbedarf von Pflanzen abzuschätzen. Der Messer wird in ein Gemüsebeet in die Erde gesteckt und zeigt eine erhöhte Wasserspannung an, die durch Wassermangel erzeugt wird.

muss dann aber mindestens 1 m über dem zu bewässernden Beet stehen, damit sich der Wasserdruck aufbauen kann.

Beim Micro-Drip-System von GARDENA lassen sich die einzelnen Elemente ganz leicht über eine spezielle Verbindungstechnik installieren und dann zwischen den Beetreihen verlegen. Per Zeitschaltuhr können Sie genau einstellen, wann das Gemüse wie lange bewässert wird. Oder Sie entscheiden sich gleich für die Variante, bei der das System komplett mit einem Bewässerungscomputer gesteuert wird.

Sie können auch mit Wassersprengern die Beete beziehungsweise Pflanzen bewässern. Dafür gibt es auf dem Markt Startersets mit allen wichtigen Elementen, vom Schlauch bis zu Steckverbindungen, Winkeln und Sprinkler. Wer technisch ein bisschen begabt ist, kann selbst eine Zeitschaltuhr einbauen.

Neben den oberirdisch verlegten Bewässerungssystemen gibt es auch Systeme, die unterirdisch im Beet verlegt werden. Das lohnt sich vor allem für größere Gärten und wenn ein Nutz- oder Ziergarten neu angelegt wird.

VOR- UND NACHTEILE

Der Vorteil von Tröpfchenbewässerungen und Bewässerungskegeln liegt klar auf der Hand: Das Wasser gelangt direkt an die Pflanzenwurzeln, Blätter, Blüten und Stängel werden dabei nicht nass, sodass die Gefahr von Pilzinfektionen gering ist.

Teilweise ist es sogar möglich, die Tropfer einzeln einzustellen, sodass jede Pflanze separat gegossen werden kann. Ob das in Gemüsebeeten wirklich genutzt wird, ist aber fraglich. Es müssten dann im Beet schon ganz unterschiedliche Bodenbedingungen herrschen.

Im Nutzgarten herrscht allerdings das Fruchtfolgeprinzip, das Gemüse rotiert auf den Böden. In einem Jahr sind die Kartoffeln auf Beet A, im nächsten der Feldsalat – also Gemüse, die ganz unterschiedliche Wasseransprüche haben. Die Bewässerungsschläuche beziehungsweise Tropfer und Steckverbindungen müssen jedes Jahr aufs Neue verlegt werden, je nachdem, wo das Gemüse mit dem höchsten Wasserbedarf gerade steht. Sie können auch nicht während der Bodenbearbeitungsphasen im Frühjahr ausliegen, das würde die Arbeit sehr erschweren.

Ein bisschen tricky gestaltet sich die Beetpflege, beim Hacken müssen Sie nämlch gut aufpassen, dass kein Schlauch beschädigt wird. Sie können die Schläuche aber auch vermulchen, das erhöht allerdings den Wartungsbedarf.

Wenn Sie einen Wassersprenger in die Mitte des Beetes platzieren und von dort aus die Fläche beregnen, müssen Sie auf herumliegende Leitungen nicht achten. Allerdings werden auf diese Weise die Pflanzen auch von oben beregnet. Wenn Sie sich für diese Technik entscheiden, achten Sie auf flache Düsen, die nicht zu hoch angebracht sein sollten.

Unterirdisch verlegte Tröpfchenbewässerungen sind davon nicht betroffen, sie werden einmal installiert und bleiben dann liegen. Allerdings sind solche Anlagen wirklich teuer, weil u. a. auch schweres Gerät benötigt wird, beispielsweise zum Ausbaggern der Leitungsgräben. Mit ein bisschen Geschick kann man den Einbau selbst übernehmen, wenn etwas nicht klappt, haben Sie dann aber keine Garantie darauf und müssen vielleicht sogar alles nochmal neu installieren. In der Regel empfiehlt es sich also, einen Fachmann zu engagieren.

Einfache Wasserspender

Mit dem richtigen Gemüse am passenden Standort, einem hohen Humusanteil im Boden und gemulchten Beeten kann man auf automatische Bewässerungsanlagen, vor allem in kleineren Nutzgärten, in den meisten Fällen wohl verzichten.

Die eine oder andere ganz besonders durstige Pflanze, die Aubergine oder ein paar Bohnen während der Blütezeit, die könnten allerdings mit einer Mini-Bewässerung einfacher versorgt werden. Das ist eine gute Alternative zu einer ganzen Anlage und kann ganz leicht selbst mit Plastikflaschen installiert werden. Zusätzlich gibt es noch Tonkegel, die sich im Garten auch optisch sehr gut machen.

DIY

Eigentlich sind die selbst gebastelten Wasserspender schon von der Tomatenbewässerung bekannt. Meine Mutter steckt noch heute alte Plastikflaschen mit abgeschnittenem Boden verkehrt herum neben die Tomatenpflanzen in die Erde und befüllt alle paar Tage die Flaschen mit Wasser. So kommt das Wasser möglichst tief an die Wurzeln, nicht alles auf einmal sondern nach und nach durch den engen Falschenhals. Und die Blätter werden nicht mit Wasser benetzt.

TONKEGEL

Für die Flaschen, egal ob PET oder Glas, gibt es auch Tonaufsätze, die das Wasser sehr effektiv und kontinuierlich an die Wurzeln bringen. Hochwertige Kegel sind handgeformt, bei niedrigen Temperaturen gebrannt und sehr dekorativ.

Die Kegel müssen vor dem Gebrauch erstmal gut gewässert werden. Dann befüllt man eine Flasche mit Wasser, auf den Schraubverschluss wird der Tonkegel gesetzt. Nun müssen Sie das Ganze umdrehen und den Tonkegel mitsamt der Flasche neben das Gemüse in den Boden stecken. Ist der Boden trocken, dann diffundiert das Wasser durch den Ton in die Erde und versogt die Wurzeln mit dem wertvollen Nass.

SCHNURBEWÄSSERUNG

Nicht ganz so hübsch sieht eine Bewässerung mit Baumwoll- oder Sisalschnüren aus, aber sie funktioniert. Zwischen mehreren Pflanzen wird erhöht ein Wasserbehälter platziert. Man legt dicke Baumwollschnüre hinein, die bis zu den Pflanzen in den Boden reichen und das Wasser dorthin leiten.

1 Mit Wasser befüllte PET-Flaschen sind ein effektives Bewässerungstool für Topfgemüse.

2 Schick sieht das aus, wenn eine Glasflasche mit Terrakottakegel im Beet steht. Vorsicht aber, dass sie nicht zerbricht.

Ollas

Obwohl der Einsatz von Wasserspeichergefäßen aus Ton schon seit Jahrtausenden bekannt ist, sind diese sogenannten Ollas bei uns erst in den letzten Jahren populär geworden.

Olla – das wird Oja gesprochen – heißt nichts anderes als „Topf", gemeint ist ein Tontopf. Ollas in Form von Tonkugeln oder länglichen Tongefäßen gibt es in gut sortierten Fachmärkten und selbstverständlich online zu kaufen. Diese Töpfe werden bei niedrigen Temperaturen gebrannt, dadurch bleiben sie porös und gut wasserdurchlässig.

Das Prinzip ist denkbar einfach: Das Tongefäß wird gewässert, in eine Mulde neben einer oder besser noch zwischen zwei Gemüsepflanzen bis zum Hals eingegraben, mit Wasser befüllt und verschlossen. Ist der Boden feucht, dann bleibt das Wasser in der Tonkugel, bei Trockenheit diffundiert es durch die poröse Tonwand in die Erde und bewässert so die Pflanzen.

Die Ollas kommen ziemlich tief in die Erde, und das ist sehr gut für die Pflanzenwurzeln, die nicht wie bei oberflächlichem, kurzem Gießen unter der Oberfläche bleiben, sondern nach unten wachsen und sich dadruch auch aus tieferen Bodenschichten noch Wasser holen können.

Das Wasser wird in die Tongefäße gegossen und die Erde drumherum möglichst nicht vernässt. Schnecken kommen dann gar nicht erst an die Pflanzen heran – das ist ein weiterer Vorteil der Ollas.

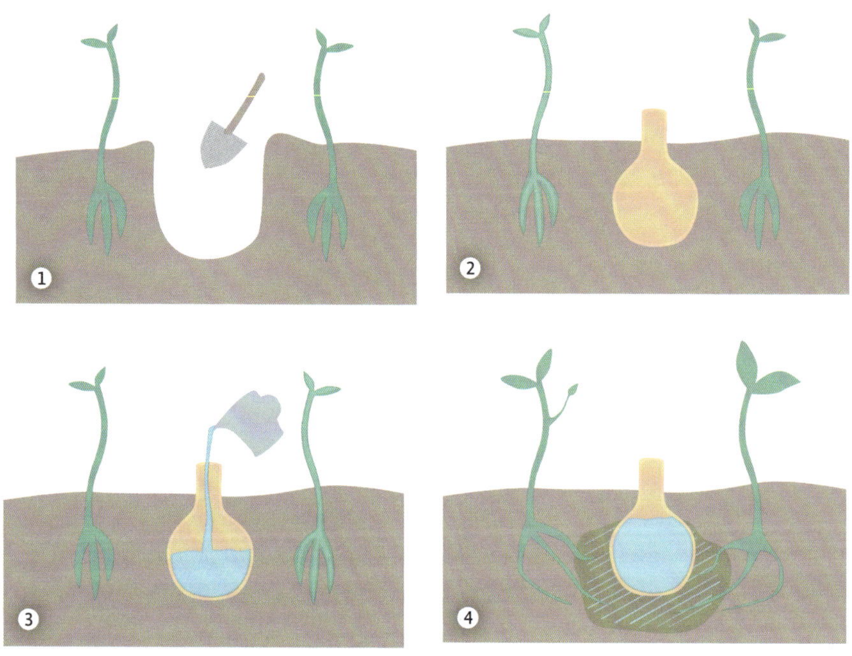

1 Zwischen zwei Gemüsepflanzen ein ausreichend großes Loch graben.

2 Um das Gefäß herum die Erde gut verteilen, sodass keine Hohlräume bleiben. Der Gefäßhals soll nur einige Zentimeter aus der Erde ragen.

3 Die Olla mit Wasser befüllen.

4 Die Pflanzenwurzeln wachsen in Richtung Olla.

Ollas selbst gemacht

Bestimmt haben Sie noch ein paar einfache, unglasierte Tontöpfe in unterschiedlichen Größen übrig, die nicht bepflanzt werden. Wenn nicht, gibt es die Töpfe kostengünstig in Baumärkten und Gartencentern. Sie können Ollas nämlich auch einfach selbst bauen und brauchen dazu nur wenige Utensilien.

- Legen Sie sich zunächst das notwendige Material zurecht: Für eine Olla werden zwei Tontöpfe mit Loch benötigt, sie können gleich groß sein oder einer davon etwas größer als der andere. Dann werden sie kopfüber aufeinander gesetzt, ggf. der kleinere in den Rand des größeren gestülpt. Außerdem werden ein Stein benötigt oder eine flache Minifliese sowie Schnellzement, Silikon oder Bienenwachs zum Verkleben.

- Wird zum Kleben Zement oder Bienenwachs verwendet, muss zunächst der Zement angerührt beziehungsweise das Bienenwachs geschmolzen werden. Wenn Sie die Bewässerung mit Ollas erst einmal ausprobieren möchten, sind Bienenwachs und Silikon geeignete Klebemittel. Sie können die Töpfe dann leicht wieder trennen. Sind sie aber erst einmal mit Zement verbunden, geht nichts mehr. Verkleben Sie nun das Abflussloch eines Tontopfs mit einem Stein oder einer Fliese. Nun werden die Ränder der Töpfe mit Klebemittel eingestrichen und beide dann aufeinandergestülpt. Sobald die Masse fest ist, sind die beiden Töpfe zu einer Olla geworden.

- Bevor die Olla in den Boden eingesenkt wird, muss sie gut gewässert werden, bis der Ton mit Wasser durchtränkt ist. Dann kommt die Bewässerungsanlage in das zuvor gegrabene Erdloch neben die zu bewässernde Pflanze, das offene Abzugsloch ist dabei oben. Der Topf soll ziemlich im Boden verschwinden, also nur etwa 3 cm herausschauen. Dann wird Wasser durch das Abzugsloch eingefüllt und die Olla mit einem unglasierten Tonuntersetzer abgedeckt. Das ist alles.

Je nach Gemüse und Witterungsverhältnissen ist das Wasser nach etwa einer Woche aufgebraucht, dann muss nachgefüllt werden. Um ein Gefühl für den Wasserverbrauch zu bekommen, kann man anfangs immer mal mit einer Taschenlampe in den Topf leuchten, um zu sehen, wie viel Wasser noch drin ist.

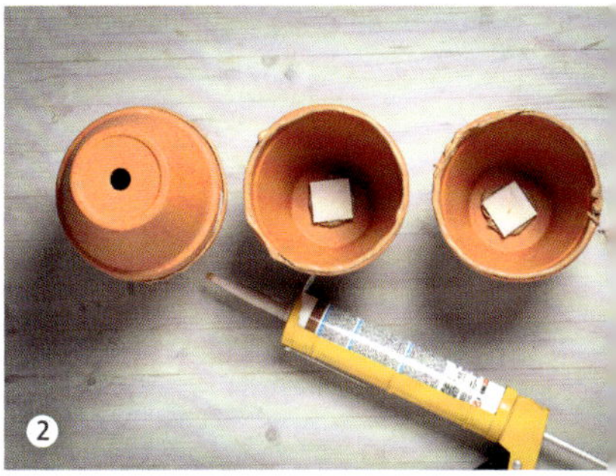

1 Arbeitsplatzvorbereitung: Alle benötigten Utensilien zurechtlegen.

2 Die Töpfe, vor allem die Topfränder, müssen sehr sauber sein, bevor sie verklebt werden.

3 Die Olla sollte noch 3–4 cm aus dem Boden herausragen.

SPECIAL KRATERBEET

GUT FÜR'S GEMÜSE

Eine Besonderheit unter den Gemüsebeeten und hierzulande noch kaum bekannt sind Kraterbeete. Derald George Langham (1913–1991) entdeckte bei seinen Forschungen zu Sesampflanzen, dass deren Wachstum viel besser war, wenn der Sesam in einem Kreis angepflanzt wurde und nicht in geraden Linien. Die Ränder der Beete wurden etwas aufgeschüttet, sodass in der Mitte eine Mulde entstand. Langham ist also der Erfinder des Circle Gardenings, er war davon überzeugt, dass sich Energien im Kreis bilden, die sich positiv auf die Pflanzen auswirken.

Aus diesen ersten Anlagen entwickelte sich das Kraterbeet – eine wunderbare Bereicherung für den Klimagarten und bestens für die Kultivierung von wärmeliebendem, wasserbedürftigem und etwas empfindlichem Gemüse geeignet.

Ein Kraterbeet wird meist kreisrund, eventuell auch oval angelegt. Durch den besonderen Aufbau entsteht im Krater ein ausgeglichenes Klima. Der tiefste Punkt liegt in der Mitte: Durch die Kraterform bildet sich dort eine Art Feuchtsenke und gleichzeitig entsteht ein geschützter Raum. Hier wachsen Auberginen, Paprika, Tomaten und viele andere eher empfindliche Pflanzen richtig gut. Mit Steinen in der Kratermitte wird das Ganze noch gemütlicher, sie speichern tagsüber die Wärme und geben sie in der Nacht an die Pflanzen ab.

An den Seiten des Beetes können die weniger anspruchsvollen Gemüse einen Platz finden, beispielsweise Buschbohnen, Zwiebeln und Möhren. Am Kraterrand herrschen dann recht trockene Verhältnisse, sodass hier Gartenkräuter wie Thymian und Salbei wachsen können oder trockenheitstolerante Gemüse, beispielsweise Malven, Kicherbersen und Nachtkerzen.

Hinter dem Wall, am nördlichen Kraterrand, können Gehölze wie Sanddorn und Wildrosen gepflanzt oder eine kleine Steinmauer angelegt werden, die als Windschutz und zusätzlicher Wärmespeicher dienen kann.

So ein Kraterbeet bereichert den Gemüsegarten angesichts der klimatischen Veränderungen sehr. Empfindliche Gemüse können in der Kratermitte auch vor leichten Frösten geschützt werden, es wird also eine Ernteverlängerung ermöglicht und das Kraterbeet kann sogar als Frühbeet fungieren. Im Spätwinter beziehungsweise im frühen Frühjahr wird ein lichtdurchlässiges Vlies darüber gelegt.

SO WIRD'S GEMACHT

Für ein Kraterbeet wird Platz benötigt – das ist vielleicht der einzige Nachteil der Anlage. 2 m sollte das Beet im Durchmesser haben, 3 m sind noch besser, damit die Fläche im Kraterinneren groß genug ist, um einige Gemüsepflanzen zu kultivieren, ein paar Steine zu platzieren und vielleicht noch einen Miniteich unterzubringen.

Suchen Sie sich im Garten einen sonnigen Platz für das Kraterbeet aus. In der Mitte wird ein Holzpflock eingeschlagen, der als Ausgangspunkt für die Abmessung dient. Am ein-

In die Mitte eines Kraterbeetes kommt ein wärmeliebendes und wasserbedürftiges Gemüse, wie die Tomate. Je weiter es am Kraterrand nach oben geht, umso trockenheitstolerantere Gemüse werden gepflanzt.

fachsten funktioniert es, wenn Sie an den Pflock eine mindestens 1 m lange Schnur binden und den Radius um den Pflock markieren. Anschließend wird die Erde kraterförmig ausgehoben, die tiefste Stelle sollte etwa 20 cm unter dem Bodenniveau liegen. Die Kraterwände dürfen dabei nicht zu steil sein, sonst setzt sich der ganze Hang beim ersten Regen in Bewegung und schüttet das Kraterinnere wieder zu. Sie können mit einem Wasserschlauch testen, ob das Ganze hält. Wenn nicht, muss nachgebessert werden.

Damit man auch gut in das Beet einsteigen kann, sollte eine kleine Treppe eingebaut oder zumindest ein paar Trttsteine gelegt werden. Die Aushuberde wird jetzt mit Humus gemischt und um das Beet herum ausgebracht; es soll ein kleiner Wall entstehen, etwa 30 cm hoch.

Zum Schluss kommt das Beste: Das Beet wird bepflanzt. Damit über den Winter der Hang gut befestigt ist, können Sie beispielsweise Feldsalat einsäen oder pflanzen.

Naturnah gärtnern

NATUR – KOMM IN MEINEN GARTEN

Zusammenarbeiten mit der Natur, das ist wohl der Schlüssel zu einem wundervollen Gemüsegarten, gesunden Pflanzen, einer reichen Ernte und nicht zuletzt zum Gärtnerglück. Wenn die Natur in den Garten Einzug hält, wird es paradiesisch.

Miteinander füreinander

Während eines Spaziergangs durch Wald und Flur begegnen uns die verschiedensten Pflanzen, von Frühling bis Herbst krabbeln und schwirren Insekten und andere Tiere umher, Vögel zwitschern um die Wette, es duftet nach Leben. So kann es auch im Garten sein, wir müssen nur das eine und andere von der Natur abschauen, genau hinsehen und ein wenig Geduld haben.

Den Garten als Gesamtheit sehen, ihn als Organismus begreifen, das müssen wir Gärtnerinnen und Gärtner lernen, damit die Natur in unsere Gärten einkehrt.

Ausgangspunkt ist der Boden mit den darin wohnenden unzähligen Lebewesen – die Grundlage für Wachsen und Gedeihen der Pflanzen. In der Natur bleiben Laub, Äste, totes organisches Material auf der Erde liegen, das dann von auf und im Boden lebenden Tieren und Mikroorganismen in fruchtbare Erde umgewandelt wird. Im Gemüsegarten können wir das nachahmen, z. B. Erntereste und ausgedünntes Plfanzenmaterial auf dem Boden liegen lassen und die Beete mulchen (siehe Seite 44).

Wir haben die große Auswahl, wenn es um Pflanzenmaterial geht und können Arten und Sorten aus fernen Ländern kultivieren. Und gerade jetzt, während große klimatische Veränderungen im Gang sind, können wir ausprobieren, welche Pflanzen sich bei uns wohlfühlen.

Der Fokus sollte dennoch auf regionalen Sorten liegen, die sich seit jeher in den Gärten bewährt haben. Im Lauf vieler Jahrhunderte haben sich die Pflanzen an die Bedingungen vor Ort angepasst, sind pflegeleicht und robust. Diese Eigenschaften sind sehr wichtig,

CHECKLISTE

- [ ] Gibt es ein paar wilde Ecken, Totholz, Steinhaufen?
- [ ] Gibt es Wasserstellen im Garten, Nistplätze für Vögel, bunte Blühstreifen mit heimischen Wildblumen?
- [ ] Finden sich in Zäunen und Mauern Durchschlüpfe, wo Wildtiere ein- und ausgehen können?
- [ ] Sind die Wege offen oder mit Trittsteinen verlegt, sodass Wasser durchsickern kann?

Kräuter mit ungefüllten Blüten, wie beim Borretsch, liefern Bienen Nahrung in Form von Nektar und Pollen.

auch und vor allem im Gemüsegarten. Regionale Gemüsesorten werden nicht so schnell Opfer von Krankheiten und Schädlingen und sie benötigen keine Spezialbehandlung, um gut zu gedeihen.

Es gibt viele Tauschbörsen, wo alte Gemüsearten und -sorten angeboten werden, man kann über den Gartenzaun Gemüsesamen teilen oder in gut sortierten Fachmärkten danach fragen. Viele verschiedene Gemüse, Blumen und Kräuter im Nutzgarten anzubauen ist ein großer Beitrag zur Erhaltung der Artenvielfalt und wichtiger denn je.

Artenvielfalt ist aber nicht nur für die Flora unserer Gärten angesagt, sondern auch für die Fauna. Wir teilen uns den Lebensraum Garten mit Vögeln, Igeln, Insekten, Spitzmäusen, Spinnentieren, Käfern und vielen anderen Tieren, von denen jedes seine Aufgabe im ökologischen Kreislauf hat und uns dabei hilft, dass die Pflanzen gesund bleiben. Sie vertilgen Blattläuse, Schnecken und schädliche Raupen.

Beim Einsatz von synthetischen Pflanzenschutzmitteln, die gegen Schädlinge helfen sollen, entziehen wir so manchem Nützling im Garten aber die Nahrungsgrundlage, sie finden nichts mehr zu fressen und bleiben dann weg.

Um die Tiere auf Dauer im Garten zu halten, braucht es Nahrung in Form von Blattläusen & Co., von Früchten, Blüten und Wasserstellen sowie natürliche Lebensräume, z. B. wilde Ecken mit Brennnesseln und Steinhaufen, wo die tierischen Gartenbwohner Unterschlupf und Brutplätze finden und überwintern können. Vieles davon ist ganz einfach umzusetzen, die wilden Ecken kommen ganz von allein und ohne unser Zutun.

Bestimmt ist Ihr Garten bereits ganz naturnah, wenn Sie Lust und Zeit haben, dann werfen Sie trotzdem einen Blick auf die nebenstehende Checkliste und prüfen Sie, welche Naturelemente schon vorhanden sind. Ein bisschen mehr Natur im Garten geht nämlich immer, und seien es nur ein paar stachelige Sträucher als Unterschlupf für Vögel, ein Wildblumen-Blühstreifen oder eine Trockenmauer für Kräuter. Probieren Sie einfach aus, was im Garten machbar ist, und schaffen Sie eine Naturoase, für sich selbst und für die Pflanzen und Tiere.

NÜTZLINGE FÖRDERN

Es gibt jede Menge größere und kleinere Projekte, um den Garten zur Naturoase für Mensch, Tier und Pflanze zu machen. Damit es überall zwitschert, summt und brummt, Käfer, Spinnen und Regenwürmer sich tummeln.

1 Natursteinmauern bieten Tieren und trockenheitsliebenden Pflanzen Nischen.

2 In Steinhaufen finden Ringelnattern einen Unterschlupf.

So geht's

Ob großer oder kleiner Garten, viel Zeit oder meistens im Arbeitsmodus – es ist ganz einfach, Tieren im Garten ein Zuhause zu bieten, wo sie Nahrung, Brutstätten und Unterschlupf finden.

› Ein kleiner Blühstreifen mit heimischen Wildblumen, zwischen dem Gemüse Ringelblumen, Jungfer im Grünen oder eine blühende Beetumrandung – ein bunter Garten liefert Pollen und Nektar für Insekten. Achten Sie auf ungefüllt blühende Arten.

› Ein Komposthaufen ist in vielerlei Hinsicht sehr nützlich: Der fertig verrotete Kompost ist Dünger für die Pflanzen, im Haufen finden Vögel, Schlangen und andere Tiere Nahrung und Unterschlupf. Außerdem fördert Kompost das Bodenleben.

› Schon allein der freie Zugang zum Garten, damit Tiere hinein- und herauskommen können, ist nützlich und wichtig. Zäune bis zum Boden sind unüberwindbare Hindernisse; lassen sie unten herum 10 cm Bodenfreiheit.

› Abgestorbene Stängel vom Wilden Buchweizen und anderem staudig wachsendem Gemüse sind im Winter eine Unterkunft für Bienen. Lassen Sie die Stängel im Herbst stehen.

› Zusammengerechtes Laub ist ein gutes Winterquartier für Igel; in Totholzhaufen finden Spinnen, Wildbienen, Käfer einen Unterschlupf.

› Wenn etwas im Garten beleuchtet werden soll, dann verwenden Sie Leuchtmittel mit geringem Ultraviolett- und Blauanteil, damit Insekten nicht unnötig angezogen werden.

Wasser für Tiere

Wasser ist für Tiere lebensnotwendig, zum Trinken aber auch z. B. zum Säubern des Gefieders bei Vögeln.

Ein naturnah angelegter Teich, bestückt mit heimischen Wasser- und Sumpfpflanzen ist für Frösche, Insekten, Vögel und andere Tiere ein kleines Paradies. Achten Sie beim Anlegen darauf, dass es auch flache Zonen gibt oder eine kleine Leiter, damit z. B. Igel nicht ins Wasser fallen beziehungsweise nicht wieder herauskommen.

Zu einer Seite hin sollte der Teich nicht bepflanzt sein. Schwalben und Fledermäuse trinken im Flug und können den Teich dann gut anfliegen.

Die kleinste Wasserstelle ist eine flache, mit einigen Steinchen bestückte Schale – eine Bienentränke. Etwas größer ist eine Vogeltränke, separat können Sie ein Vogelbad aufstellen, damit die Gefiederpflege gewährleistet ist.

Stellen Sie auch im Spätwinter und frühen Frühjahr Tränken auf. Igel und andere Tiere, die aus dem Winterschlaf beziehungsweise aus der Winterruhe aufwachen, lechzen nach Wasser.

Wilde Ecken

Auch mal was einfach liegen lassen, wachsen lassen – das ist ganz schön entspannend, und den Tieren im Garten kommt unsere Faulheit sehr entgegen.

Abgestorbene Zweige und Äste müssen nicht gleich entsorgt werden – trägt man alles auf einem Haufen zusammen, am besten an einer ruhigen Stelle im Garten, schafft das Unterschlupf und Brutstätten für viele Gartenbewohner.

Brennnesseln können Sie getrost stehen lassen, zumindest in ein, zwei Ecken im Garten. Beim genauen Hinsehen ist das vermeintliche Unkraut nämlich schön anzuschauen; noch dazu dient es als Nahrungspflanze für einige Schmetterlingsraupen, z. B. die des Schwalbenschwanzes, die auch Möhrengrün verzehren.

Manchmal finden sich leere Schneckenhäuser zwischen Kräutern oder sonstwo auf dem Boden. Einfach liegenlassen. Verschiedene Mauerbienen-Arten bauen darin ihre Nester.

Kleine Rasenflächen lassen sich ganz leicht verwildern. Ohne Wässern und Düngen werden Taubnesseln, Gänseblümchen, Gundermann sich einfinden – Nahrung für Insekten.

1 Kleine Äste in flachen Wasserstellen eignen sich gut als Landeplatz für Bienen.

2 Brennnessselblätter zählen zu den Lieblingspflanzen verschiedener Schmetterlingsraupen.

Lavendel kann als Beetumrandung das Gemüse vor Fraßfeinden, z. B. Battläusen, schützen.

Bunte Beete

Grün ist in allen Schattierungen eine wundervolle Farbe, im Gemüsegarten kann es aber durchaus auch kunterbunt zugehen. Das ist schön zum Anschauen und kann außerdem ganz nützlich für das Gemüse sein.

Eine Möglichkeit, Farbe ins Spiel zu bringen, sind Beetumrandungen. Hübsch sieht das aus mit Kräutern wie Thymian, Bohnenkraut oder Lavendel. Niedrige Sorten passen gut, nehmen nicht so viel Platz weg und werfen wenig Schatten. Und so manches Kraut steht in dem Ruf, Schädlinge abzuwehren. Selbst wenn es zu einem Befall kommt, wird er doch eher mild ausfallen.

Überhaupt passen Kräuter gut zwischen Gemüsepflanzen, am besten solche, die sich wie die Ringelblume immer wieder selbst aussamen. Ich habe einmal Ringelblumen ausgesät und das ist viele Jahre her. Seitdem tauchen jährlich die gelben und orangefarbenen Schönheiten an neuen Plätzen im Garten auf und dem Gemüse scheint das zu gefallen. Ringelblumenwurzeln reichen tief ins Erdreich hinein und lockern dadurch den Boden auf. Für Gemüse ist das ideal.

Mit *Tagetes*, also der Studentenblume oder Stinkerchen, wie sie auch heißt, können Sie den Nutzgarten ebenfalls schmücken. Die niedrigen Einjährigen sind äußerst beliebt bei Schnecken und werden als Fangpflanzen gehandelt. Die Schnecken fressen sich an *Tagetes* satt und lassen dafür das Gemüse in Ruhe. So ganz genau weiß ich allerdings nicht, ob das funktioniert. Ich befürchte, die lieben Schnecken werden durch *Tagetes* erst angelockt.

In kräftigen Farben leuchtet Kapuzinerkresse bis in den Spätsommer hinein. Die Blüten sind dann noch attraktiv für Bienen.

MISCHKULTUR

Was im Mischkulturenanbau wie ein kleines Durcheinander wirkt, ist doch mit großer Sorgfalt ausgewählt. Gemüse werden auf einem Beet miteinander kombiniert und können sich in ihrem Wachstum unterstützen oder gegenseitig schützen.

Darauf kommt es an

Mischkulturenanbau, das ist auch Natur im Garten, denn dieses Anbauprinzip ist der Natur abgeschaut. Monokulturen gibt es in natürlichen Systemen nicht, es entwickeln sich immer sogenannte Pflanzengemeinschaften. Da finden sich Gewächse zusammen, die gut miteinander auskommen, die ihre Lebensbedürfnisse aufeinander abgestimmt haben, die durch Wurzelausscheidungen gegenseitig Krankheiten und Schädlinge abhalten können.

Beim Mischkulturenanbau funktioniert das (fast) genauso. So perfekte Lebensgemeinschaften wie sie sich in der Natur von selbst zusammenfinden, wird es im Nutzgarten allerdings wohl nicht geben. Wir können aber beim Anbau die verschiedenen Eigenschaften von Pflanzen nutzen und zusammenbringen, was sich fördert. Gemüse sind eben auch nur Lebewesen, da kommen welche gut miteinander aus, andere können sich nicht riechen. Die sollten dann auch nicht auf einem Beet zusammenkommen.

Ursache für diese Sympathie und Antipathie sind Botenstoffe, die die Pflanzen über ihre Wurzeln ausscheiden. Gute Partner unterstützen sich sogar dabei, Krankheiten und Schädlinge abzuwehren.

Außerdem spielen die Größe der Pflanzpartner und die Wurzellängen eine Rolle. Gut kombiniert gibt es viel zu ernten.

Bei der Mischkultur geht es aber nicht nur um den Anbau von Gemüse auf einem Beet, es geht auch um Vor- und Nachkulturen. Bei richtiger Kombination können dann nämlich die Nährstoffe im Boden optimal genutzt werden.

Eine klassische Kombination im Mischkulturenanbau sind Möhren und Zwiebeln. Schädliche Larven haben da kaum eine Chance.

1 Bohnen und Bohnenkraut sind ideale Partner im Garten und in der Küche.

2 Lauch, Zwiebeln, Knoblauch in Mischkultur. Auf einem Mischkulturenbeet gedeihen gleichzeitig Pflanzen mit unterschiedlicher Reife und Erntezeit.

Seit vielen Jahrzehnten machen Gärtnerinnen und Gärtner gute Erfahrungen mit dem Anbau von Gemüse in Mischkultur. Es ist viel Wissen zusammengetragen worden, u.a. von der Pionierin des Mischkulurenanbaus Gertrude Franck und von der „Biogarten-Päpstin" Marie-Luise Kreuter. Dieses Wissen können wir heute nutzen und uns auf die Pflanzenkombinationen verlassen. Machen Sie aber auch selbst Ihre Erfahrungen. Wenn etwas nicht so gelingt wie erwartet, dann kann das auch an den unterschiedlichen klimatischen Voraussetzungen liegen.

- Pflanzen Sie Gemüse mit unterschiedlichen Wurzellängen zusammen in ein Beet, dann tut das auch dem Boden gut, denn dadurch werden die Nährstoffe in allen Bodenschichten genutzt und die tieferliegenden nicht ins Grundwasser ausgeschwemmt. Tomaten und Radieschen passen gut zusammen, wurzeln unterschiedlich tief und sind auch noch gute Nachbarn.

- Man kann sich auch die unterschiedlichen Pflanzenhöhen zunutze machen und z. B. zwischen Dicke Bohnen Spinat säen. Es dauert eine Weile, bis sich die Dicken Bohnen entwickelt haben, bis dahin ist der Boden unbedeckt und kann austrocknen. Der schneller wachsende Spinat breitet seine Blätter wie ein Mulchdecke zwischen den Dicken Bohnen aus und verhindert dadurch, dass die Erde trocken wird. Bei starken Niederschlägen schwemmt dann auch keine Erde ab und die Dicken Bohnen gedeihen prächtig.

- Es ist faszinierend, dass Pflanzen sich gegenseitig dabei helfen können, Schädlinge und Krankheiten abzuwehren und sich im Wachstum fördern. Mithilfe der nebenstehenden Tabelle können Sie die Gemüse kombinieren, die gut zusammenpassen.

- Ein Mischkulturenanbau in Reihen ist möglich, wenn also in je einer Reihe z. B. Spinat, Dicke Bohnen, Radieschen und frühe Möhren stehen. Sie können aber auch innerhalb der Reihen mischen.

Gute und schlechte Nachbarn

	BOHNE	PASTINAKE	KNOBLAUCH	KOHL	KOHLRABI	KARTOFFEL	MAIS	PORREE	ROTE BETE	ZUCCHINI	ZWIEBEL
Bohne				✓	✓	✓		✗	✓		✗
Pastinake						✓			✓		
Knoblauch	✗			✗					✓		
Kohl	✓		✗	✗		✗		✗			✗
Kohlrabi	✗					✓		✓	✓		
Kartoffel	✓	✓		✗	✓				✗		
Mais									✗		
Porree	✗			✗	✓				✗		
Rote Bete	✓		✓		✓	✗		✗			✓
Zucchini	✓										✓
Zwiebel	✗	✓		✗					✓	✓	

Im naturnahen Garten gibt es für jeden Bewohner etwas zum Fressen.

PFLANZEN ÖKOLOGISCH SCHÜTZEN

Wenn Pflanzen von Krankheiten oder Schädlingen befallen werden, kann das verschiedene Ursachen haben. Synthetische Pflanzenschutzmittel sind im Klimagarten tabu, es gibt aber viele ökologisch sinnvolle Alternativen.

Darauf müssen Sie achten

Es kann an den Witterungsbedingungen liegen, dass Gemüsepflanzen krank oder von Schädlingen befallen werden oder daran, dass die ausgewählten Sorten nicht ausreichend resistent ist – Ursachen für den Befall mit Schaderregern gibt es viele. Aber nicht immer muss gleich an eine Bekämpfung gedacht werden. Die erste Maßnahme ist: Kontrollieren und Abwarten. Wenn die Schwarze Bohnenlaus an Spinat, Roten Beten oder Bohnen auftritt, muss das nicht gleich den totalen Ernteausfall bedeuten. Für viele nützliche Gartenbewohner wie Marienkäfer, Schwebfliegen oder die Räuberische Gallmücke sind die Läuse ein gefundenes Fressen. Wenn nur einzelne Pflanzen stark befallen sind, werden sie aus dem Boden gezogen und im Hausmüll entsorgt.

Nehmen die Schaderreger doch überhand, dann gibt es verschiedene Hausmittel oder selbst hergestellte Jauchen und Brühen, die Abhilfe schaffen.

Vor allem anderen stehen aber die vorbeugenden Maßnahmen: robuste Sorten, die richtige Standortwahl, Fruchtfolge und Fruchtwechsel, Förderung von Nützlingen und der Anbau in Mischkultur.

Außerdem gibt es ja auch ganz einfache Abwehrmethoden – beispielsweise Gemüseschutznetze.

Insektenschutznetze müssen ohne jedes Schlupfloch angebracht werden.

Pflanzen stärken

Neben allen vorbeugenden Schutz- und Abwehrmaßnahmen ist es natürlich auch wichtig, das Gemüse gesund zu erhalten und seine Abwehrkräfte zu stärken, dann können Krankheiten und Schädlinge den Pflanzen erstmal nicht so viel anhaben.

Die Widerstandskräfte in den Pflanzen kann man sogar mobilisieren, indem man vorsorglich Pflanzenbrühen verabreicht. Ganz klassisch ist die Ackerschachtelhalmbrühe, die einem Befall mit der Lauchmotte und verschiedenen Pilzkrankheiten vorbeugt.

Bei Brühen, Jauchen und Tees macht man sich die Inhaltsstoffe der verwendeten Pflanzen zunutze. Ackerschachtelhalm ist z. B. wertvoll durch den hohen Gehalt an Kieselsäure. Wird das Gemüse mit einer Brühe aus dem Kraut besprüht, wirkt die Kieselsäure stabilisierend und festigend auf das Pflanzengewebe. Schädlinge habe es dann viel schwerer einzudringen. Auch Beinwell- und Brennnesseljauche machen die Pflanzen kräftiger und gesünder.

Es gibt ganz verschiedene Rezepte für Tees, Jauchen und Brühen. Man muss selbst ausprobieren, was am effektivsten ist. Wenn Sie Brennnesseljauche herstellen, entwickelt sich z. B. ein strenger, unangenehmer Geruch, das ist nicht jedermanns Sache. Wenn etwas Gesteinsmehl untergerührt wird, bindet das den Gestank.

Für eine Jauche wird 1 kg frisches oder 150 g getrocknetes Pflanzenmaterial in 10 l kaltem Wasser angesetzt. Das Ganze bleibt ca. drei Wochen stehen, ab und zu umrühren. Nach dem Abseihen der Blätter wird die Jauche verdünnt und kann dann verwendet werden.

Für eine Brühe werden kleingeschnittene Blätter je nach Rezept unterschiedlich lange gekocht. Die Blätter eignen sich anschließend als Mulchmaterial, die kalte Brühe kann man gleich gießen.

Außerdem gibt es noch Tees, die genauso wie Kräutertees zum Trinken zubereitet werden: einfach kochendes Wasser über kleingehackte Kräuter gießen, ziehen lassen, abseihen, fertig.

Effektiv ist übrigens auch Komposttee. Dazu wird Kompost in ein Tuch gefüllt und über Nacht in einen Eimer mit Wasser gehängt. Den Tee kann man unverdünnt einmal pro Woche düngen.

Alles, was für die Stärkung der Pflanzen gebraucht wird, hat man meist schon im Garten, Löwenzahn, Kamille und Rainfarn wachsen vielleicht in der wilden Ecke (siehe Seite 107), Knoblauch und Ringelblumen können Sie kultivieren.

Biologische Mittel zur Stärkung und Abwehr

MITTEL	REZEPT	WIRKT GEGEN/FÜR
Knoblauchtee	80 g kleingehackter Knoblauch mit 1 l kochendem Wasser überbrühen, 30 Minuten ziehen lassen; 1:7 verdünnen	Gegen Milben, Grauschimmel, Kraut- und Knollenfäule
Rainfarnbrühe	30 g getrocknete Blütenköpfe in 1 l Wasser aufkochen	Gegen Rost und Mehltau, vorbeugend gegen Gallmilben
Zwiebelschalenjauche	500 g Zwiebelschalen in 5 l Wasser ansetzen, eine Woche ziehen lassen; 1:10 verdünnt	Vorbeugend gegen Kraut- und Knollenfäule an Kartoffeln
Brennnesselauszug	1 kg frisches Kraut in 10 l Wasser einen Tag einweichen	Gegen Blattäuse und Lauchmotte

Häufige Krankheiten und Schädlinge – und was Sie dagegen tun können

Neue Krankheiten und Schädlinge haben mit dem Klimawandel Einzug gehalten (siehe Seite 14 ff), die alten sind uns dennoch geblieben. Mehltau, Rostpilze, Kraut- und Knollenfäule, Blattläuse, Fliegen und mehr können dem Gemüse zusetzen. Kommt es trotz Mischkultur, Pflanzenstärkung und guter Bodenpflege zum Befall, können Sie einiges tun, um den Pflanzen zu helfen.

BIOLOGISCH WIRKSAME MITTEL

Bei den Hausmitteln ist vor allem Kaliseife, beziehungsweise Schmierseife effektiv. 50 g davon werden in 1 l lauwarmem Wasser aufgelöst und die befallenen Pflanzen dann damit besprüht. Möglicherweise müssen Sie die Behandlung mehrmals wiederholen, denn der Film auf Blättern und Stängeln bleibt nicht lange erhalten. Schmierseife ist bienenungefährlich.

Auch Rapsöl wirkt gut gegen Spinnmilben, Blattläuse, Weiße Fliegen und Gallmilben. Das Öl wird im Verhältnis 30 : 70 mit Wasser vermischt und dann versprüht.

Schon ganz lange bekannt im ökologischen Landbau sind Neempräparate. Der Wirkstoff wird aus dem Samen des Neembaums gewonnen und hemmt die Larvenentwicklung der schädigenden Insekten.

Eisen(III)-phosphat kennen Sie bestimmt, es wird in Schneckenkornprodukten eingesetzt und ist die letzte, aber effektive Möglichkeit, das Gemüse vor Kahlfraß zu schützen.

- Echte Mehltaupilze erkennt man leicht an dem weißen mehlartigen Belag, der die Oberseite von Blättern, Trieben und Stängeln überzieht, vor allem bei Kürbissen, Gurken, Erbsen und vermehrt auch bei Tomaten. Der Pilz wächst wie eine Wurzel in die obersten Zellen hinein und ernährt sich dann vom Zellsaft der Pflanzen. Wenn es warm und feucht ist, dann sind das ideale Bedingungen für eine Ausbreitung. Hier hilft eine vorbeugende Spritzung mit Ackerschachtelhgalmbrühe sehr gut und bei Befall sind neemhaltige Präparate empfehlenswert.

- Der Falsche Mehltau kann z. B. bei Salat, Spinat, Kohlrabi, Zwiebeln und Kartoffeln auftreten. Man erkennt ihn, wenn die Blattunterseite der Gemüsepflanzen mit einem weißlichen Belag bedeckt ist. Auf der Oberseite sind die Blätter dann an diesen Stellen gelb, violett oder braun. Die Bekämpfung ist ganz ähnlich wie beim Echten Mehltau, Sie können aber zusätzlich auch noch einen Zwiebelschalen- oder Knoblauchsud zubereiten, der gespritzt werden kann.

- Grauschimmel ist nicht sehr spezialisiert und kann an verschiedensten Gemüsepflanzen vorkommen, vor allem in nassen Jahren breitet er sich rasch aus. Zum Opfer fallen ihm meist geschwächte Pflanzen, er gilt als Schwächeparasit. Ein grauer, stäubender Schimmelrasen ist kennzeichnend für den Grauschimmel. Gesunde Pflanzen sind das A und O, damit der Pilz erst gar keine Angriffsfläche hat. Vor allem bei Zwiebeln lohnt es sich, wenn Sie Steinmehl in den Boden einarbeiten, außerdem können Gemüsebeete in Herbst und Frühjahr mit Ackerschachtelhalmjauche gegossen werden. Ist trotzdem ein Befall aufgetreten, dann spritzen Sie das Gemüse an drei aufeinanderfolgenden Tagen mit Ackerschachtelhalmbrühe.

- Von Blattläusen ist wohl noch keine Gärtnerin und kein Gärtner verschont geblieben, sie zapfen ganz gezielt die Leitungsbahnen von Pflanzen an, und wenn sehr viele dieser Läuse am Werk sind, dann können ganze Partien vertrocknen und absterben. Hinzu kommt noch, dass sich an den Ausscheidungen der Blattläuse Rußtaupilze ansammeln und dadurch die Photosyntheseleistung verringern. Glücklicherweise sind jede Menge Nützlinge (siehe Seite 106) auf Blattläuse spezialisiert und können sie in Schach halten, vorbeugend sollten Sie unbedingt Gemüseschutznetze ausbringen. In meinem Garten treten die Läuse vor allem an Buschbohnen auf, sie werden deshalb prophylaktisch mit Netzen geschützt.Bei starkem Befall können Sie Neempräparate einsetzen oder mit Brühen aus Rhabarberblättern, Rainfarn oder Wermut spritzen.

- Ziemlich nervig können Fliegen werden, und da gibt es für jedes Gemüse praktisch eine eigene Art. Die Kleine und Große Kohlfliege, Möhren- Zwiebel-, Bohnenfliege legen ihre Eier an den Wurzelhals der Gemüse, die geschlüpften Larven verursachen dann zum Teil große Schäden – es entstehen Fraßgänge, das Gemüse fault. In Mischkultur angebautes Gemüse ist nicht so sehr davon betroffen, außerdem wehren Gemüseschutznetze die Fliegen ab. Eine direkte Bekämpfung gibt es aber nicht.

Kohlweißlingsraupen sollten nicht an Kohlblättern fressen. Sie lassen nur die Blattrippen stehen.

PERMAKULTUR

Biogarten, Mischkultur, klimafreundliche Bewirtschaftung – das alles und einiges Weiteres machen einen Permakulturgarten aus. Aber es hängt noch mehr dran, Permakultur ist eine Lebenseinstellung; alle Lebensbereiche sind verwoben.

Die Philosophie

Der Begriff Permakultur ist aus „permanent agriculture" entstanden, zu deutsch „dauerhafte Landwirtschaft". Als die Gründerväter Bill Mollison und David Homgren Mitte der 70er-Jahre die Permakultur entwickelten, wollten sie eine Alternative schaffen zu den vorherrschenden industriellen Agrarwüsten mit den Monokulturen und der Ausbeutung des Bodens. Funktionierende Kreisläufe und Lebensräume sollten gestaltet werden und so zu landwirtschaftlich funktionierenden Ökosystemen führen, die sich selbst erhalten und somit auch in der Zukunft eine grüne Welt erhalten bleibt.

Aus dieser Idee heraus ist eine ganzheitlich ausgerichtete Lebensphilosophie entstanden. Ein fürsorglicher Umgang mit Umwelt, Natur, Garten und Mitmenschen ist ein wichtiger Aspekt der Permakultur. Beziehungen und Komunikation zwischen Gruppen wie Flora, Fauna, Mensch und Umwelt sollen bestmöglich zum Wohle aller genutzt werden.

Einen Permakulturgarten anzulegen ist deshalb keine kleine Sache, alles greift ineinander, Abläufe in Haus und Garten werden aufeinander abgestimmt, es gibt sogar die Perma-Architektur, bei der Natur, Mensch und Bauwerk gesamtheitlich betrachtet werden.

Ein Permakulturgarten wird also sehr gut geplant und langfristig angelegt. Man muss sich intensiv damit beschäftigen, um ganz und gar in die Permakultur einzusteigen, aber es können auch gezielt kleine Projeke im Nutzgarten umgesetzt werden.

Mulchen, z. B. mit Stroh, ist im Permakulturgarten ganz wichtig, um Pflanzen und Boden zu schützen.

Permakultur-Projekte

Für den eigenen Garten kann man sich von der Permakultur einiges abschauen. Dazu gehört z. B., vor der Anlage von Gemüsebeeten erst einmal die Umgebung zu nbegutachten und zu überlegen, wie die Gegebenheiten des Geländes am besten genutzt werden können. In Permakulturgärten gibt es auch runde Beete oder es werden Beete als Spirale oder Mandalas angelegt, wichtig ist, dass sie optimal zur Sonne ausgerichtet sind.

Das ganzheitliche Prinzip der Permakultur gilt auch für die Ernte. Geerntet wird alles, was essbar ist, bei Radieschen nicht nur die Knolle, sondern auch das Grün, beim Erdbeerspinat Blätter und Früchte. Außerdem spielen Permaveggies (siehe Seite 60), dauerhaftes Gemüse, das mehrere Jahre am gleichen Platz bleibt und den Boden ganzjährig bedeckt, eine große Rolle. Soweit es möglich ist, werden die Pflanzen auch selbst vermehrt und angezogen. Funktioniert das einmal nicht, dann tauscht man mit Nachbarn, Freunden und Gleichgesinnten Saatgut und Pflanzen aus.

WILDNIS IM BALKONKASTEN

Fangen wir erstmal klein an, in einem Balkonkasten oder Kübel. Permakultur funktioniert nämlich auch auf Balkon und Terrasse, vielleicht lohnt es sich hier sogar besonders, dass ein bisschen Wildnis Einzug hält.

Steintröge und Holzkisten sind gut zu bepflanzen und passen zum natürlichen Stil der Permakultur. Sind noch Kunststoffkästen vorrätig, kann man die aber genauso gut verwenden. Nachhaltig zu wirtschaften ist auch ein Permakulturgrundsatz, nichts wird weggeworfen. Als Erde für einen Wildblumenkasten eignet sich eine Mischung aus Sand, kleinen oder größeren Steinen und Gartenerde. Die Erde können Sie aus dem Garten nehmen, Sand gibt es eventuell auf dem örtlichen Bauhof und Steine können Sie auf einem Spaziergang sammeln. Nehmen Sie gleich einige kleinere Äste mit, die am Wegesrand und unter Bäumen und Sträuchern liegen, sie werden zwischen die Blumen gesteckt.

Bei der Wildblumenauswahl für den Blumenkasten ist dessen Standort wichtig. Ist er sonnig, wachsen Schafgarbe, Kartäusernelken und Glockenblumen; Farne, Lichtnelke und Veilchen mögen es dagegen schattig.

SCHICHTMULCHBEET

Ohne Mulchen geht im Pernakulturgarten gar nichts, man kann sogar Beete ganz und gar aus Mulch anlegen. So ein Schichtmulchbeet ist ein tolles Projekt für den Nutzgarten und kann z. B. auf einem freien Stück Rasen oder Wiese entstehen.

Zuunterst legt man eine dicke Schicht Karton, am besten etwas angefeuchtet. Darüber schichtet man organisches Material – Heu, Stroh, Grasschnitt, Häcksel, was gerade vorhanden ist. Das Ganze wird mit humusreicher Erde und einer dicken Strohschicht abgedeckt.

Jetzt kommen Abbauprozesse in Gang, der Rasen unter dem Karton stirbt nach etwa einem Jahr ab, der Karton löst sich auf, Humus wird aufgebaut, das Bodenleben aktiviert.

Zum Bepflanzen wird die Stroh- und Mulchschicht etwas beiseite geschoben und das Gemüse dann direkt reingesetzt. Anfangs werden viele Nährstoffe durch den Mulch frei, genau richtig für Kürbisse und Zucchini, die auf so einem Beet prächtig gedeihen. Nach zwei bis drei Jahren wird so ein Beet wieder ganz flach, es sei denn, Sie legen wieder Mulch obendrauf.

Im Nutzgarten machen sich auch einige Beerengehölze gut, z. B. Johannisbeeren und

Himbeeren, die können auch in das Schichtmulchbeet gesetzt werden.

HÜHNER IM GARTEN

In einen Permakulturgarten gehören auch Tiere, z. B. Federvieh. Meistens steht ja nicht so viel Platz zur Verfügung, aber für ein paar Hühner könnte es schon reichen. Drei Stück sollten es mindestens sein, Hühner sind nämlich keine Einzelgänger, sie brauchen die Gemeinschaft. Jedes Tier benötigt 1–2 Quadratmeter Raum und nachts ein Dach über dem Kopf. Schon kleinere Hühner- bzw. Kaninchenhäuser, die man auch preisgünstig übers Internet beziehen kann (2 m lang und 1 m breit, inklusive umzäuntem Auslauf), sind ausreichend, wenn die Hühner zusätzlich regelmäßig in den Garten dürfen.

Ebenfalls wichtig: Eine Stange zum Schlafen, die pro Tier etwa 20–30 Zentimeter Platz bieten muss – mehr braucht es nicht zum Hühnerglück.

Hühner sind putzige Tiere und zudem sehr nützlich. Sie fressen Gemüsereste und altes Brot und liefern im Gegenzug frische Eier. Weil Engerlinge, Würmer & Co. ganz oben auf ihrer Speisekarte stehen, sind sie außerdem natürliche Schädlingsbekämpfer. Damit sie gesund bleiben, brauchen sie neben organischen Küchenabfällen – allerdings ohne Zitrusfrüchte und rohe Nachtschattengewächse wie z. B. Auberginen – außerdem Legemehl oder -korn, das es auch in Bio-Qualität gibt. Es enthält alle Nähr- und Mineralstoffe, die die Hühner zum Eierlegen und Gesundbleiben brauchen.

Im Schnitt legt ein Huhn, abhängig von Rasse und Alter, 150 – 200 Eier im Jahr. Vom Frühjahr bis zum Herbst gibt's in der Regel alle 1–2 Tage ein Ei, im Winter legen die Hühner etwas weniger. 3–4 Hühner sind also genau richtig, um einen vierköpfigen Haushalt mit Eiern zu versorgen.

Wichtige Tipps zur Haltung, wo man die Tiere kaufen kann, welche Sorte sich eignet und vieles mehr, finden Sie u. a. bei Geflügelzuchtvereinen, die auch Kontakte zu Züchtern bestimmter Rassen vermitteln können.

Außerdem bietet die Gesellschaft zur Erhaltung alter und gefährdeter Haustierrassen e.V. (www.g-e-h.de) Informationen zu Hühnern und Zwerghühnern an.

Hühner im Garten kümmern sich zuverlässig um Schädlinge wie Engerlinge. Sie werden einfach aufgefressen.

Im Permakulturgarten sind Hügelbeete elementar. Ganz oben drauf kommt noch eine dicke Mulchschicht.

Das Permakultur-Hügelbeet

Ohne Hügelbeet und ohne Mulchen geht im Permakulturgarten gar nichts. Wo Platz ist, wird so ein Beet angelegt, und es ist wirklich ein Allroundmodell für Gemüsepflanzen, zumal es mehr Platz bietet als normale, flache Gemüsebeete.

Die Form des Hügels kann dabei ganz individuell gewählt werden, es gibt auch gebogene Hügelbeete und solche in Yin-und-Yang-Form.

Durch den Aufbau und die Form bietet das Beet ganz unterschiedliche Mini-Standorte für die verschiedenen Bedürfnisse der Gemüsepflanzen. An der Sonnenseite fühlen sich beispielsweise wärmeliebende Arten wie Auberginenund Kürbisse wohl, Mangold, Kohl & Co. kommen an der nach Norden ausgerichteten Seite besser zurecht.

Es gibt jede Menge Positives von Hügelbeeten zu berichten, z. B., dass sich keine Staunässe bilden kann und sich im Inneren des Hügels viele Unterschlupfmöglichkeiten für tierische Gartenbewohner befinden.

Ein Hügelbeet besteht aus verschiedenen Schichten. Äste, Holzstücke, Strauchschnitt, Grasschnitt, Laub – was der Garten so hergibt. Zuerst wird aber der Standort ausgewählt: Ein sonniger Platz auf einem Rasen- oder Wiesenstück ist ideal, beste Jahreszeit zum Bauen ist der Herbst.

Zuerst wird der Grassoden und Oberboden etwa 20 cm tief abgehoben und zur Seite gelegt, dann der Holzkern aufgebaut. In die Zwischenräume kommt Erde, z. B. die vom Aushub. Darauf legen Sie organisches Material, darüber eine Lage Grobkompost, und weiter fertigen Kompost und Muttererde. Den Abschluss bildet eine dicke Mulchschicht z. B. aus Stroh. Die wird beim Pflanzen dann einfach etwas zur Seite geschoben.

Special

KEYHOLE-GÄRTNERN

WAS IST DENN DAS?

In Zeiten des Klimawandels wird viel ausprobiert, damit in trockenen Regionen auch weiterhin Gemüse angebaut werden kann. Das Hügelbeet ist so eine tolle Idee, dem Klima ein Schnippchen zu schlagen, und das gilt auch für das Keyhole- oder Schlüsselloch-Beet.

Ursprünglich wurden Keyhole-Beete für kleine Hausgärten in Lesotho (Südafrika) konzipiert, wo den Pflanzen wenig Wasser zur Verfügung steht, der Boden meist sandig ist und das Klima trocken. Das Besondere daran: Schlüsselloch-Beete sind eigentlich sich selbst düngende Hochbeete. Durch ihren speziellen Aufbau wird die Bodenfeuchtigkeit erhöht und die Vegetationsperiode verlängert. Man kann sagen, dass ein Keyhole-Beet ein in sich geschlossenes System ist und den Idealen der Permakultur entspricht.

Wenn es auch bei uns zunehmend trockener wird, ist solch ein Beet eine gute Möglichkeit, um Wasser zu sparen und Nährstoffe optimal zu nutzen.

Wie beim Hügelbeet gibt es ganz verschiedene Aufbauvarianten, die Form ist rund bzw. U-förmig, die herausragenden Merkmale bilden die Einkerbung in der Umrandung des Beetes, das Schlüsselloch, und der Kompostbehälter in der Mitte.

Teure und aufwendige Materialien werden nicht benötigt, vielmehr wird verwendet, was vorrätig ist beziehungsweise was der Garten hergibt. Bleiben Sie auch bei der Umrandung dem Stil des Beetes treu: Natursteine aus der Region passen gut, Holz geht auch.

SO FUNKTIONIERT'S

Als Erstes wird die Umrandung für das Keyhole-Beet gesetzt. Sehr gut eignen sich dafür mehr oder weniger flache Natursteine, die für eine gute Stabilität versetzt geschichtet werden.

Wenn Sie Form und Größe festlegen, muss die Größe des Kompostbehälters mitbedacht werden; das richtige Verhältnis von Beet zu Behälter ist nämlich wichtig, damit das Gemüse auch ausreichend mit Nährstoffen versorgt werden kann. Bei einem Beet mit einer Fläche von 2,5 m^2 sollte der Kompostbehälter ca. 80 cm groß sein.

Als Material für den Kompostbehälter können Äste dienen, die wie beim Korbflechten miteinander verwoben werden. Für eine gewisse Stabilität kann dann noch ein Drahtnetz sorgen, das um das Geflecht gelegt wird.

Steht der Kompostbehälter an seinem Platz, wird als Nächstes das Beet befüllt: Zum Schutz gegen Wühlmäuse kann man Hasendraht auslegen, Sie können aber auch Ziegelbruch verwenden und auf dem Boden verteilen. Darauf kommt eine Schicht mit groben Ästen und Holzresten, anschließend folgen feinere Materialien, z. B. eine dünne Schicht

Ein Keyhole-Beet versorgt sich selbst mit Dünger und bewahrt die Bodenfeuchtigkeit.

Laub und gehäckseltes Schnittgut von Blättern und Gemüseabfälle aus dem Garten. Zwischendurch darf immer mal bewässert werden.

Obendrauf als Abschluss kommt eine Schicht Kompost, dann Muttererde, dann wird das Ganze nochmals bewässert.

Bevor nun der Kompostbehälter befüllt wird, kleidet man ihn mit Stroh aus. Als unterste Schicht kommen Kieselsteine hinein, dann Holz oder Holzasche, wenn sie zur Verfügung steht. Wichtig: Das Holz muss unbehandelt sein, auch die Asche muss von unbehandeltem Holz stammen! Für den Kompost ist die Holzasche gut, die ja auch bei Terra Preta (siehe Seite 48) eine große Rolle spielt.

Eventuell bekommen Sie gut abgelagerten Mist vom Bauern nebenan, der kann ebenfalls in den Kompostbehälter wandern, ansonsten organische Küchenabfälle oder kleinere Gartenabfälle.

Jetzt muss nur noch mit Gemüse bepflanzt werden. Der frische Kompost rieselt unten durch den Behälter, wenn man ihn etwas anhebt und versorgt so die Pflanzen mit Nährstoffen.

Service

Zum Weiterlesen

Wenn Sie der Leidenschaft zu mehrjährigem Gemüse bisher noch nicht verfallen sind, dann wird Ihnen dieses Buch dazu verhelfen. Es gibt jede Menge gartentaugliche Tipps: **Philippe Collignon und Bernard Bureau:** Mehrjähriges Gemüse. 2. Auflage 2021.

Ein Nachschlagewerk rund um den Nutzgarten, mit ganz vielen Anregungen: **Natalie Faßmann, Mein Gemüsegarten.** Verlag Eugen Ulmer 2019.

Wenn Sie eine Anleitung zum klimaneutralen und bienenfreundlichen Gärtnern benötigen, kommen Sie um das Buch von Dave Goulson nicht herum. Sehr charmant erzählt: **Dave Goulson: Wildlife Gardening:** Die Kunst, im eigenen Garten die Welt zu retten. Carl Hanser Verlag 2019.

Entdecken Sie die Welt der Tomaten, der unzähligen Sorten – Tomatenliebe ist ein Buch zum Verlieben, mit ganz vielen praktischen Anleitungen und Rezepten: **Melanie Grabner Melanie und Christine Weidenweber: Tomatenliebe.** Verlag Eugen Ulmer 2014.

Wenn es um Biodünger geht, dann ist das Werk von Andrea Heistinger absolut empfehlenswert. Kompaktwissen pur und gut zu lesen: **Andrea Heistinger: Biodünger selber machen.** Regenwurmhumus, Gründüngung, Kompost. Löwenzahn Verlag 2014.

In diesem Buch bekommen Sie viele Anregungen, wie das Gemüsegärtnern auf dem Balkon gelingt, Sortenempfehlungen, Tipps zu Rankhilfen und Mini-Gewächshäusern: **Heistinger, Andrea: Handbuch Bio-Balkongarten.** Gemüse, Obst und Kräuter auf kleiner Fläche ernten. Löwenzahn Verlag, 4. Auflage 2013.

Wenn Sie auch den Ziergarten „klimaflott" machen wollen, dann sollten Sie unbedingt „Genießen statt gießen" lesen. Alle Ideen sind gut umsetzbar, gut fürs Klima und gut zum Chillen im Garten: **Annette Lepple: Genießen statt Gießen.** Verlag Eugen Ulmer, 2. Auflage 2020.

Doppelnutzen ist immer gut, und den haben Sie, wenn attraktives Gemüse ins Blumenbeet einzieht: **Heidi Lorey: Gemüse ins Blumenbeet!** Verlag Eugen Ulmer 2021.

Ökologisch sinnvoll, einfach, gut umsetzbar – Prädikat wertvoll!: **Paula Polak: Regenwasser im Garten nachhaltig nutzen:** Naturnah planen, bauen und gestalten. pala Verlag 2011.

Egal, von welchem Kräutergarten Sie träumen – von wilden Ecken, von kindergerechten Beeten, vom südländischen Flair – schnuppern Sie ins Buch; Sie werden Ihren Traumgarten finden: **Christine Weidenweber: Mein Kräutergarten.** Verlag Eugen Ulmer 2017.

Gartentaugliche Permaveggies werden vorgestellt, Anbau, Pflege und Verarbeitung erklärt: **Christine und Julia Weidenweber: Gemüse forever.** blv Verlag 2019

Im Netz

www.blauer-engel.de
Informationen zu kompostierbaren Töpfen, umweltfreundlichen Gartengeräten und Produkten aus Recycling-Kunststoff

www.bund.net/themen/naturschutz/moore-und-torf/torffrei-gaertnern/
Gärtnern ohne Torf

www.kompost.de
Suche nach Kompostieranlagen in der Nähe. Mit Filter nach Kompost, der für den Ökolandbau geeignet ist.

www.naturgarten.org
Alles über den Naturgarten

www.lwg.bayern.de/gartenakademie
Gemüsegarten im Klimawandel

www.hortipendium.de/Klimawandel_im_Gemüsebeet
Klimawandel im Gemüsebeet

Bezugsquellen

ARCHE NOAH
Obere Straße 40
A-3553 Schiltern
www.arche-noah.at

Bingenheimer Saatgut AG
Kronstraße 24
D-61209 Echzell
www.bingenheimersaatgut.de

Bioland Gärtnerei Strickler
Wormser Straße 78
55232 Alzey
www.gaertnerei-strickler.de

Bioland Hof Jeebel
Biogartenversand OHG
Jeebel 17
D-29410 Salzwedel OT Jeebel
www.biogartenversand.de

Deaflora
Andrea Hellmich
Dr.-Wolff-Str. 6
14542 Werder/Havel OT Glindow
www.deaflora.de

Dreschflegel GbR
In der Aue 31
D-37213 Witzenhausen
www.dreschflegel-saatgut.de

Lubera
Im Vieh 8
26160 Bad Zwischenahn/Ekern
www.lubera.com

Rühlemann's
Kräuter und Duftpflanzen
Auf dem Berg 2
27367 Horstedt
www.kraeuter-und-duftpflanzen.de

Syringa Duftpflanzen und Kräuter
Bachstraße 7
D-78247 Binningen
www.syringa-pflanzen.de

Schnell nachgeschlagen

BILDQUELLEN

Adobe Stock/roteruebe: S. 10
Alpsdake/Wikimedia Commons; CC-BY-SA-4.0: S. 22 o.
BotanikFoto/Steffen Hauser: S. 34, 37, 75 u., 81 u., 92, 106 o., 109
Dinkel, Susanne nach Vorlage des Deutschen Wetterdienstes: S. 14, 26
Fleuchaus, Frank: S. 73 li.
FloraPress: GWI: S. 4; A. F. Endress: S. 50; Bildagentur Beck: S. 77 li.; BIOSPHOTO/Christian Nitard: S. 85 re.; BIOSPHOTO/Gilles Le Scanff & Joëlle-Caroline Mayer: S. 20; BIOSPHOTO/JoÙl Douillet: S. 54; BIOSPHOTO/NouN: S. 68 li., 71 u., 110 re.; Christine Ann Föll: Titelbild, 40 u.; FocusOnGarden/Sibylle Pietrek: S. 99 o., 99 Mi., 99 u.; Garten Fräulein: S. 65 o.; GWI: S. 57; Hamburg Homes: S. 40 o.; Helga Noack: S. 81 Mi.; Jane Sebire: S. 66, 72; Martin Hughes-Jones: S. 7; Meyer-Rebentisch: S. 80; Otmar Diez: S. 63 Mi., 64 o., 71 o., 110 li.; Redeleit&Junker/L. Redeleit: S. 94; Thomas Dupaigne: S. 88; Ute Klaphake: Klappe vorn innen, S. 43 Mi., 64 u., 81 o., 102; Virginie Quéant: S. 85 li.; Visions: S. 53
Friedrich Strauß Gartenbildagentur/NouN: S. 41
Friedrich Strauß Gartenbildagentur/Strauß, Friedrich: S. 75 o.
Gastl, Markus: S. 47, 107 o., 121
Hecker, Frank: S. 106 u.
Leuker, Maren: S. 118
mauritius images: Klappe hinten außen, S. 9 Mi., 9 u., 19 o., 19 u., 24, 44, 67 re., 68 re., 79, 112, 111
Rost, Christian: S. 42, 101, 119
Schwarzer, Elke: S. 97 u., 107 u., 115
Shutterstock.com: arie anggi hapsari: S. 63 u.; Artur_eM: S. 19 Mi.; ChameleonsEye: S. 59; Choi_sirapha: S. 63 o.; Christopher Elwell: Klappe vorn außen; emrahh: S. 83 o.; Ernte_Deyan Georgiev: S. 69; Flower_Garden: S. 87; fotomarekka: S. 105; Halfpoint: S. 28; Izabela Edmunds: S. 43 u.; Jit-anong Sae-ung: S. 56; JoannaTkaczuk: S. 73 re.; Julija Sapic: S. 48; JurateBuiviene: S. 38; KaliAntye: S. 116; Ksw Photographer: S. 67 li.; Labellepatine: S. 93; lantapix: S. 77 re.; M.Cornelius: S. 122; Martina Unbehauen: S. 86 li.; Maurien trabbold: S. 23; Max_55: S. 8; Monkey Focus: S. 30; Moskwa: S. 108; Naturally Curvy: S. 98; nednapa: S. 65 u.; NeroV: S. 9 o.; Nevada31: Icons ; nnattalli: S. 43 o., 78; Olga Bondarenko: S. 70; Peter Turner Photography: S. 12; photographyfirm: S. 31; Red Carpet 2020: S. 83 u.; SDV Photography: S. 84; Thijs de Graaf: S. 22 u.; Toni Genes: S. 86 re.; ULD media: S. 97 o.; Vadym Zaitsev: S. 95
Weidenweber, Christine: S. 35, 76

Über die Autorin

Christine Weidenweber hat Agrarwissenschaften studiert. Sie arbeitet seit über 15 Jahren als Lektorin, Redakteurin und Autorin für Fach- und Sachbücher im Bereich Agrarwissenschaften und Gartenbau. In ihrem eigenen Garten experimentiert sie gerne mit Kräutern und trockenheitstolerantem Gemüse bis hin zu Kichererbsen.

Impressum

Die in diesem Buch enthaltenen Empfehlungen und Angaben sind von der Autorin mit größter Sorgfalt zusammengestellt und geprüft worden. Eine Garantie für die Richtigkeit der Angaben kann aber nicht gegeben werden. Autorin und Verlag übernehmen keine Haftung für Schäden und Unfälle. Bitte setzen Sie bei der Anwendung der in diesem Buch enthaltenen Empfehlungen Ihr persönliches Urteilsvermögen ein.
Der Verlag Eugen Ulmer ist nicht verantwortlich für die Inhalte der im Buch genannten Websites.

Anmerkung zur Schreibweise (Gendering) der weiblichen, männlichen und unbestimmten Form: Ausschließlich aufgrund der deutlich besseren Lesbarkeit wird in diesem Werk auf die jeweilige Mehrfachnennung oder Anpassung der Schreibweise bestimmter Bezeichnungen verzichtet.

Bibliografische Information der Deutschen Nationalbibliothek
Die Deutsche Nationalbibliothek verzeichnet diese Publikation in der Deutschen Nationalbibliografie; detaillierte bibliografische Daten sind im Internet über http://dnb.d-nb.de abrufbar.

Wollgrasweg 41, 70599 Stuttgart (Hohenheim)
E-Mail: info@ulmer.de
Internet: www.ulmer.de
Projektleitung: Doris Kowalzik
Lektorat: red.sign, Stuttgart: Guido Huss
Herstellung: Silke Reuter
Umschlaggestaltung: red.sign, Stuttgart: Anette Vogt
Gestaltung: red.sign, Stuttgart: Susanne Junker
Bildredaktion: red.sign, Stuttgart: Anja Schlatterer
Reproduktion: timeray Visualisierungen, Jettingen
Druck und Bindung: Westermann Druck, Zwickau
Printed in Germany

FSC
www.fsc.org
MIX
Papier | Fördert gute Waldnutzung
FSC® C110508

ISBN 978-3-8186-1107-1